궁금했어,
기후변화

궁금했어,
기후변화

13

조성문 글 | 나수은 그림

나무생각

차례

1장
기후 변화는 왜 일어날까?   7

병에 걸린 지구 이야기   9
지구 온난화와 온실가스   14
날씨와 기후는 어떻게 다를까?   19

/ 궁금 pick / 온실가스에는 어떤 것들이 있을까?   24

2장
기후 변화는 바다에 어떤 영향을 미칠까?   27

바다가 붉은 이유   29
물속으로 사라지는 나라들   34
식초처럼 산성으로 변하는 바다   41

/ 궁금 pick / 좋아하는 생선을 못 먹게 될지도   46

3장
기후 변화는 산림과 농업에 어떤 영향을 미칠까? 49

늘어나는 대형 산불   51
빨라지는 봄꽃 개화   57
외래 해충의 증가   63

/ 궁금 pick / 강원도에서 감귤을 재배할 거라고?   66

4장
기후 변화는 얼음과 눈에 어떤 영향을 미칠까? 69

녹고 있는 북극 해빙 71
살 곳을 잃은 황제펭귄 76
줄어드는 적설량 80
/ 궁금 pick / 지구의 탄소 저장고, 영구 동토층 84

5장
기후 변화는 지구에 어떤 위험을 가져올까? 87

빈번해진 이상 기후 현상 89
길어진 여름, 짧아진 겨울 96
집중 호우 피해의 증가 101
/ 궁금 pick / 폭염이 위험한 이유 106

6장
기후 변화는 어떻게 막을 수 있을까? 109

에너지의 효율적인 사용 111
너와 나의 탄소 발자국 116
나무와 숲이 소중한 이유 119
재활용을 부탁해 122
전 세계가 함께 고민하는 기후 변화 126
/ 궁금 pick / 탄소 중립이란? 132

부록 136
작가의 말 144
참고 문헌 146

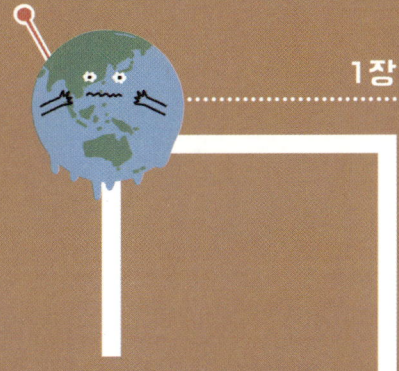

1장

기후 변화는 왜 일어날까?

병에 걸린
지구 이야기

무려 몇 달에 걸쳐 숲을 태운 대형 산불에 대해 들어 봤니? 봄철이면 우리나라를 괴롭히는 산불도 단 몇 시간, 며칠 만에 넓은 산을 전부 태워 버리잖아. 그런데 2019년 9월 오스트레일리아 뉴사우스웨일스 지역에서 시작된 산불은 해를 넘겨 이듬해 2월에서야 모두 꺼졌어. 1700만 헥타르가 넘게 불탔고, 최소 33명 이상이 사망했고, 3,000채가 넘는 주택이 파괴되었지. 1700만 헥타르라니 어느 정도 넓이인지 짐작이 안 되지? 우리나라의 전체 면적이 1004만 헥타르쯤이니까 대략 우리나라의 1.7배 정도 되는 넓은 면적이 불에 탔다는 뜻이지. 이 화재로 숲에서 살던 동물도 셀 수 없이 많이 희생되었어.

오스트레일리아에서 산불이 난 게 처음은 아냐. 하지만 이렇게 오랫동안 계속된 산불은 지구 역사 전체를 살펴봐도 드문 일이었지. 많은 학자들은 산불이 오래 계속된 이유를 '기후 변화' 때문이라고 판단하고 있어. 기후 변화 때문에 산불이 일어날 조건이 만들어졌다는 거지. 너무 오랫동안 비가 오지 않아 나무가 바짝 말랐고, 불이 금세 붙을 만큼 기온도 높았어. 결국 계속되던 산불은 장마철이 시작되는 1월이 되면서 사그라들었지. 오스트레일리아는 남반구라서 1월이 여름이거든.

따뜻하고 안전한 지구의 담요, 대기

기후 변화는 기온, 비, 바람과 같은 날씨를 비롯해 기상과 기후에 변화가 생기는 것을 말해. 물론 우리 지구가 긴 역사 동안 똑같은 기후였던 건 아니야. 계속 변해 왔지. 그러나 지금의 변화는 이전의 변화와 다른 점이 있어. 무척 빠르게 더워지고 있다는 사실이야. 이것을 이해하기 위해서는 지구가 지나온 역사를 살펴보아야 해.

지구는 몸을 따뜻하고 안전하게 유지하기 위해 공기로 이루어진 담요를 덮고 있어. 이 담요를 우리는 '대기'라고 부르지. 지구가 처음부터 대기를 담요처럼 덮고 있었던 건 아니야. 46억 년 전 지구의 지표면은 열과 에너지로 암석들이 모두 녹아 그야말로 마그마 바다였어. 이후 지표면이 서서히 식으면서 수증기와 기체가 위로 올라가 구름이 만들어졌고, 곧 바다와 공기가 생겨났어. 그리고 대기가 만들어졌지. 생명체가 숨을 쉬고, 안정적인 환경을 유지해 주는 대기 말이야. 이것은 지구에 생명이 태어나 살아갈 환경이 만들어졌다는 뜻이야. 지구에는 원시 식물과 원시 동물이 생겨났고, 점차 진화하면서 수많은 종류의 생물이 함께 살게 되었어. 그중에 인류도 있었지.

지구인 인류의 슬기로운 지구 생활

　　인류는 다른 동물들과는 달리 여러 도구를 사용할 줄 알았어. 그리고 새로운 도구를 계속 만들면서 좀 더 쉽게 동물을 사냥하고, 옷을 지어 입고, 집을 짓고, 불을 피우고, 농사를 지었어. 이 모든 것이 오늘날까지 이어져서 우리는 높은 빌딩과 빠른 자동차, 하늘을 나는 비행기도 만들어 냈지.

　어떻게 이렇게 할 수 있었을까? 인류가 문명을 발전시켜 온 이 모든 일에는 에너지가 필요했어. 인류는 처음에 나무나 가축의 똥을 태워 에너지를 얻었어. 그리고 계속 새로운 에너지를 찾아냈지. 바람의 힘을 이용한 풍차와 물의 힘을 이용한 물레방아도 훌륭했지만, 강한 에너지를 내면서도 손쉽게 쓸 수 있는 것은 석탄과 석유였어.

　석탄과 석유는 수백만 년 전에 죽은 동물과 식물의 유해에서 생겨난 에너지여서 '화석 연료'라고 해. 인류는 자동차나 비행기를 타고, 집을 밝고 따뜻하게 하고, 편리한 물건들을 만들기 위해 화석 연료를 태워 공장을 움직였지. 하지만 화석 연료를 태우는 과정에서 많은 온실가스가 지구의 대기로 방출되었고, 지구를 감싸고 있는 대기는 훨씬 두툼해졌어. 결국 지구의 열기가 밖으로 빠져나가지 못하면서 평균 기온이 계속 올랐지. 그리고 이제는 기온이 상승하는 속도가 너무 빨라져서 지구가 위험에 처하게 된 거야.

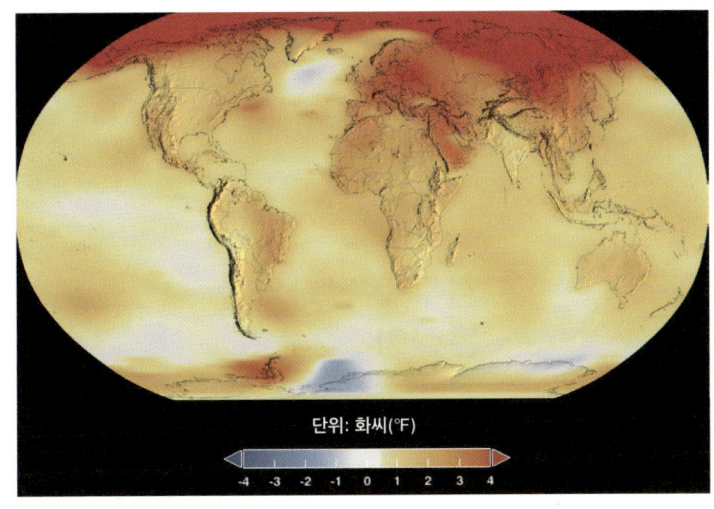

지구 표면 온도 변화

위의 사진은 기준 연도(1951년~1980년) 대비 2021년의 지구 표면의 온도 변화를 나타낸 거야. 빨간색은 기준 연도보다 따뜻해진 부분이고 파란색은 차가워진 부분이지. 이 사진을 보면 지구가 전체적으로 얼마나 뜨거워졌는지 알 수 있어.

지구 온난화와 온실가스

태양으로부터 방출되는 에너지(빛)가 지구 표면에 닿으면, 에너지의 일부는 우주로 다시 빠져나가고 일부는 흡수되어 땅과 바다를 따뜻하게 만들어. 지구를 감싼 대기가 온실의 유리처럼 작용해 내부를 따뜻하게 하기 때문에 이것을 '온실 효과'라고 해.

지구의 대기에는 수증기와 더불어 여러 기체가 있는데, 그중에서도 온실 효과에 크게 영향을 주는 수증기, 이산화탄소, 메테인(메탄) 등을 '온실가스'라고 불러. 온실 효과는 나쁘기만 한 것은 아냐. 지구의 온도를 생명체가 살기에 적당한 온도로 유지하기 위해서 꼭 필요하지. 만약 온실 효과가 없다면, 지구의 평균 기온은 물의 어는점(0℃)보다 낮아져서 지구상에 생명체가 살아갈 수 없을 거야.

온실 효과를 일으키는 온실가스는?

지구는 수증기와 여러 종류의 기체(질소 78%, 산소 21%, 기타 1%)로 둘러싸여 있어. 지구를 둘러싼 이 두꺼운 공기층이 바로 '대기'야. 대기를 가장 많이 차지하고 있는 질소와 산소는 온실 효과를 거의 일으키지 않아. 오히려 대기 중에 1% 정도를 차지하는 기체가 온실 효과를 일으키지.

온실 효과에 가장 큰 영향을 끼치는 것은 수증기야. 하지만 수증기는 단지 며칠 동안만 대기에 남아 있기 때문에 큰 문제는 아니고, 온실 효과를 심화시키는 것은 이산화탄소, 메테인, 아산화질소, 수소불화탄소, 과불화탄소, 육불화황, 삼불화질소 등 7가지 기체야. 주로 에너지를 생산하기 위해 석탄, 석유 등 화석 연료를 태우거나 숲의 파괴, 가축 분뇨의 처리, 쓰레기 매립과 소각과 같은 인간의 활동을 통해 발생하지.

그리고 이 중에서도 대표적인 것은 이산화탄소야. 전 세계 온실가스 배출로 볼 때 이산화탄소의 비중이 90%가 넘을 정도거든.

온실가스의 양을 증가시킨 인간 활동

산업 혁명 이후부터 화석 연료의 사용량이 급증하면서, 대기 중 온실가스의 양은 꾸준히 증가해 왔어. 산업 혁명은 18세기 후반에 영국에서 시작되어 유럽으로, 나중에는 미국으로 퍼져 나간 생산 기술의 변화를 말해.

산업 혁명으로 기계가 본격적으로 사용되고, 내연 기관이 발달하면서 화석 연료의 사용량이 급증하게 되었지. 화석 연료는 산업 혁명 이후 전 세계의 주요 에너지원이 되었고, 그 결과 대표적 온실가스인 이산화탄소의 배출량이 뚜렷하게 증가하기 시작했어.

또 다른 중요한 온실가스의 증가 원인은 도시를 확장하고 도로를 건설하면서 숲이 파괴되었다는 데 있어. 숲은 동식물의 보금자리이자 광합성을 통해 대기 중 이산화탄소를 줄여 주는 역할을 해. 하지만 사람들이 개발을 위해 나무를 베고 숲을 파괴하면서 이산화탄소를 흡수할 수 있는 식물이 줄어들었고, 결국 기후 변화가 일어나게 되었지.

현재 지구의 평균 온도는 산업화 이전(1850~1900년) 대비 약 1.1℃가 상승했어. 그 때문에 우리가 심각한 기후 위기를 겪고 있는 거야. 앞으로 우리가 화석 연료를 더 태우고, 나무를 더 베고, 땅을 파서 개발하면 할수록 대기 중 온실가스의 양은 점점 더 증가하게 될 거야.

기후 변화의 과학적 증거, 킬링 곡선

1958년부터 하와이에 있는 마우나로아산에서 매일같이 이산화탄소를 측정한 사람이 있었어. 미국의 과학자 찰스 데이비드 킬링이야.

그의 끈질긴 관찰 덕분에 대기 중 이산화탄소의 농도가 계절적인 변동을 넘어 매년 급격히 증가하는 것을 발견하게 되었지. 그는 이 결과를 한 장의 그래프로 나타냈어. 바로 유명한 '킬링 곡선(Keeling curve)'

이란다.

킬링 곡선을 보면, 처음 관측한 1958년의 이산화탄소 농도는 약 315ppm이었어. ppm(part per million)은 대기의 농도를 나타내는 단위로 100만분의 1cc를 나타내지. 이 곡선은 계속 상승해 2022년에는 약 418ppm까지 올라갔어. 즉, 킬링 곡선은 이산화탄소의 농도가 매년 꾸준히 조금씩 높아지고 있다는 것을 보여 주고 있어.

이렇게 킬링 곡선을 통해 지속적으로 이산화탄소의 농도가 늘어나고 있다는 것을 확인한 학자들은 기후 변화 연구에 더욱 힘을 쏟게 되었지. 킬링 곡선은 지금도 기후 변화와 관련된 중요한 국제 사회 협상 때마다 중요한 과학적인 근거가 되고 있어.

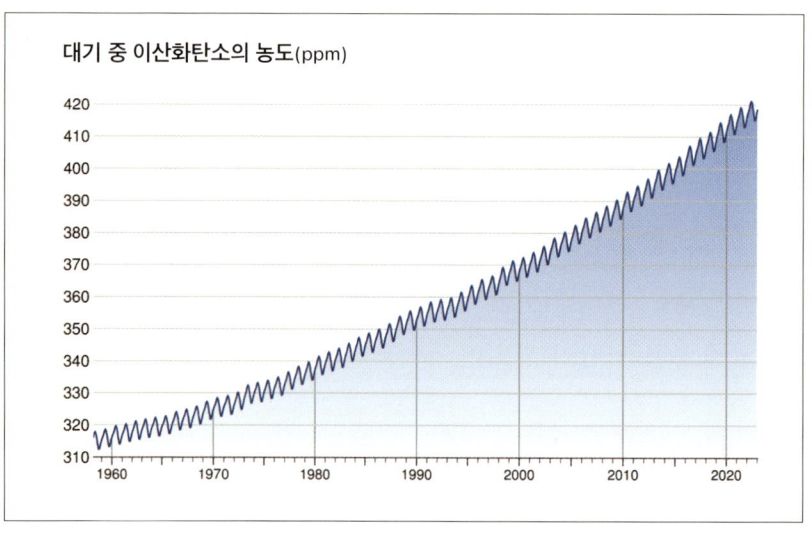

킬링 곡선

날씨와 기후는
어떻게 다를까?

하늘이 맑고 따뜻하면 겨울에 난방비도 안 들고 밖에서 뛰놀기도 좋던데, 지구 온난화가 왜 문제라는 걸까? 기분 좋을 만큼 맑은 날, 하얀 눈이 소복소복 쌓이는 날은 그날그날의 '날씨'를 말하는 거고, 지구 온난화는 '기후'를 말하는 거야. 어떤 차이가 있을까?

날씨와 기후는 서로 밀접하게 관련되어 있기 때문에 명확하게 차이를 아는 것이 중요해.

날씨는 주어진 시간과 장소의 대기 상태를 말해. 우리가 살고 있는 생태계에 영향을 끼치는 대부분의 날씨는 대기의 아래쪽에서 생기고, 사람들이 하루 동안 경험하는 기온, 강수량, 구름과 바람이 날씨에 포함되지.

반면, 기후는 주어진 장소에서 날씨의 오랜 기간 동안의 평균을 의미해. 날씨는 몇 분 또는 몇 시간 만에 변할 수 있지만, 기후의 변화는 수십 년에서 수백 년에 걸쳐 만들어지는 것이지. 기후는 평균 기온과 강수량뿐만 아니라 폭염, 한파, 홍수, 가뭄과 같은 기상 현상이 얼마나 자주 일어나고 얼마나 오래 계속되는지도 포함하고 있어.

기후 되먹임

우리는 지구의 기후 시스템 속에 살고 있어. 기후 시스템은 대기권, 수권, 빙권, 생물권, 지권의 5개 권역으로 구성되어 있어.

대기권	기상 및 기후 현상이 발생하는 지구를 둘러싸고 있는 대기의 권역
수권	지구상의 물이 존재하는 해양과 강, 호수 등의 권역
빙권	육지와 해양에서 눈과 얼음으로 덮여 있는 권역
생물권	지구상의 생물 전체가 생활하고 있는 권역
지권	암석과 토양으로 구성된 권역

기후 시스템은 5개의 권역 사이에 일어나는 에너지와 수증기 등 물질의 상호 교환을 통해 서로 복잡하게 연결되어 있어. 따라서 각 권역의 내부적인 변화도 기후 시스템 내에서는 독립적이지 않고 상호 작용의 결과로 나타나게 되지. 특히 기후 시스템은 권역 간의 다양한 '되먹임 작용'으로 인해 지구의 온도가 일방적으로 상승하거나 하강하지 않고 적당한 온도로 균형을 이루고 있지.

온실가스의 증가
화석 연료(석탄, 석유 등)의 연소,
개발을 위한 숲의 파괴와 토지 이용의 변화 등

온실 효과 심화
지표면에서 태양 에너지를 많이 흡수해
열을 다시 대기로 배출

지구 온도의 상승
지구로 입사되는 태양 에너지가
방출량보다 커짐

심각한 기후 변화로 환경 문제 발생
해수면 상승으로 해양 범람 증가,
극심한 더위와 폭우, 대형 산불 발생

기후 변화가 일어나는 과정

'기후 되먹임'은 온실가스의 증가로 지구의 온도가 상승하면 지구의 온도를 결정하는 다른 권역에 연쇄적인 영향을 끼쳐 지구의 온도를 더욱 높이거나(양의 되먹임) 낮추는 것(음의 되먹임)을 말해.

예를 들어 대표적인 '양의 되먹임'은 수증기를 들 수 있어. 온실가스가 증가해서 지구의 온도가 상승하면 물(수권)은 빠르게 증발하게 되고, 대기 중 수증기의 양이 늘어나게 되지. 온실가스인 수증기가 대기 중에 늘어나면 온실 효과가 더욱 커지고, 지구의 온도는 더욱 상승하게 되는 거야. 이렇게 지구의 온도 상승이 다시 수증기를 증가시키고, 이 과정이 계속 반복되면 지구의 온도 상승은 초기보다 훨씬 더 커지게 되지.

지구의 눈과 얼음(빙권)이 녹는 것 또한 양의 되먹임 사례야. 눈과 얼음은 빛을 반사하는 성질이 강하기 때문에 지구에 도달하는 태양 에너지를 반사하는 거울 같은 역할을 해. 그런데 지구의 온도가 상승하면 지구의 눈과 얼음이 녹게 되지. 그러면 육지와 해양에 흡수되는 태양 에너지가 증가해서 지구의 온도는 상승하게 되고, 지구의 눈과 얼음은 더욱 많이 녹게 되지. 이런 과정이 계속 되풀이되면서 온도 상승 작용을 이어 가게 되는 거야.

반면, 구름은 기후에 '음의 되먹임'을 일으킬 수 있어. 지구의 온도가 상승하면 대기 중의 수증기 양이 증가하게 되고, 구름의 양 또한 늘어나게 되지. 구름의 양이 늘면, 반사되는 태양 에너지의 양도 증가하게 돼. 그러면 지구에 흡수되는 태양 에너지가 감소해서 지구의 온도를 낮추는 음의 되먹임을 일으키는 거야.

온실가스에는 어떤 것들이 있을까?

온실가스는 앞서 설명했듯이 대기 중에서 온실의 유리 지붕과 같은 역할을 하여 지구의 온도를 따뜻하게 유지해 주는 기체를 말해.
　대기 중 온실가스의 양은 산업 혁명 이후부터 크게 증가했어. 특히 자동차, 발전소, 공장 등이 늘어나면서 온실가스는 매년 증가하고 지구 온난화를 일으켰지. 이처럼 기후 변화의 원인이 되는 대표 온실가스를 좀 더 자세히 알아볼까?

❶ 이산화탄소(CO_2)

대기 중 농도 증가: 산업 혁명 이전 280ppm → 2021년 413.2ppm

　이산화탄소의 양은 과거에는 자연적 균형(탄소 순환)에 따라 일정한 수준을 유지했어. 하지만 산업 혁명 이후 우리가 많은 화석 연료를 사용하면서 꾸준히 증가하게 되었지. 이산화탄소는 동물이나 식물의 호흡, 화산의 폭발과 같은 자연적인 과정뿐만 아니라 도로 건설 등 개발을 위한 숲의 파괴나 토지 이용의 변화와 같은 인간 활동을 통해 배출되기도 해. 무엇보다 많은 양의 이산화탄소가 화석 연료의 사용 때문에 발생하고 있어.

❷ 메테인(메탄, CH_4)

대기 중 농도 증가: 산업 혁명 이전 700ppb → 2021년 1,889ppb

　메테인은 이산화탄소에 비해서 배출되는 양은 적지만, 같은 양의 이산화탄소보다 약 29.8배 더 강한 온실 효과를 일으켜. 메테인은 주로 쓰레기 매립과 같은 인간 활동에 의해서 발생하며, 석유와 천연가스, 석탄을 생산하고 운송하는 동안에도 배출되지. 특히 동식물이 죽어서 분해될 때와 사람을 비롯한 동물의 배설물에서도 발생하기 때문에 생명체가 지구에서 살고 있는 이상 배출을 완전히 없앨 수 없는 기체이기도 해.

❸ 아산화질소(N_2O)

대기 중 농도 증가: 산업 혁명 이전 270ppb → 2021년 333.2ppb

아산화질소도 이산화탄소에 비해 배출되는 양은 적지만, 이산화탄소보다 약 273배 더 강한 온실 효과를 일으키는 기체야. 아산화질소는 토양의 경작, 유기질 비료의 사용, 화석 연료나 바이오매스의 연소를 통해 주로 발생하지.

❹ 기타 주요 온실가스

이름도 낯설고 어렵지만 수소불화탄소(HFCs), 과불화탄소(PFCs), 육불화황(SF_6), 삼불화질소(NF_3)는 아주 중요한 온실가스야. 이들 온실가스는 대기 중에 매우 적고 측정하기도 어렵지. 하지만 이산화탄소보다 수천 배 이상의 강한 온실 효과를 일으키기 때문에 줄이는 데 관심을 가져야 해. 수소불화탄소는 냉장고나 에어컨 냉매제로 주로 사용되고, 과불화탄소, 육불화황과 삼불화질소는 반도체나 액정을 생산할 때 사용돼. 이러한 온실가스는 자연에서는 발생되지 않고, 냉장고 등 제품에 필요해서 만들어 낸 물질이야.

농도의 단위 ppm(피피엠)과 ppb(피피비) ppm(part per million)은 100만분의 1cc를 나타내는 농도 단위다. ppb(part per billion)는 10억분의 1cc의 농도 단위를 나타내며, ppm보다 더 작은 농도의 표시에 사용된다.

2장

기후 변화는 바다에 어떤 영향을 미칠까?

바다가
붉은 이유

붉은 바다를 본 적이 있니? 지구 온난화로 바닷물 온도가 올라가면서 바다색이 붉게 변하고 있어. 푸르러야 할 바다가 더 이상 푸르지 않다면 건강을 잃었을 가능성이 높아.

지구 표면의 3분의 2를 덮고 있는 바다는 육지와 대기 사이의 열을 조절하고 이산화탄소를 흡수하는 중요한 역할을 해. 하지만 최근 들어 바닷물의 온도가 오르면서 우리의 지구를 위협하고 있지. 실제로 지난 50여 년(1968~2020년) 동안 전 세계의 바다 온도는 평균적으로 약 0.53℃ 상승했어. 특히 우리나라를 둘러싼 바다는 같은 기간 약 1.23℃가 올라서, 전 세계 평균보다 2배가 넘을 정도야.

바다의 온도 상승은 바닷물을 팽창시켜 해수면의 높이를 올릴 뿐만 아니라 산성화를 일으켜서 해양 생태계의 먹이 사슬과 생물 다양성에 심각한 영향을 끼칠 수 있지. 또 바다는 대기와 지속적으로 상호 작용을 하기 때문에 온도가 올라가면 대기 기후에도 중대한 영향을 끼칠 수 있고 바다 위의 수증기 양이 늘어나 태풍이나 폭우의 위험을 증가시킬 수 있어. 특히 높은 수온으로 인해 강력한 태풍이 자주 발생될 뿐 아니라 바람이 세지면서 파도도 더 강해져.

바닷물은 막대한 양이기 때문에 바다 표면의 물과 깊은 아래쪽의 물이 섞이는 데 시간이 많이 걸려. 쉽게 말해 천천히 데워지고 천천히 식

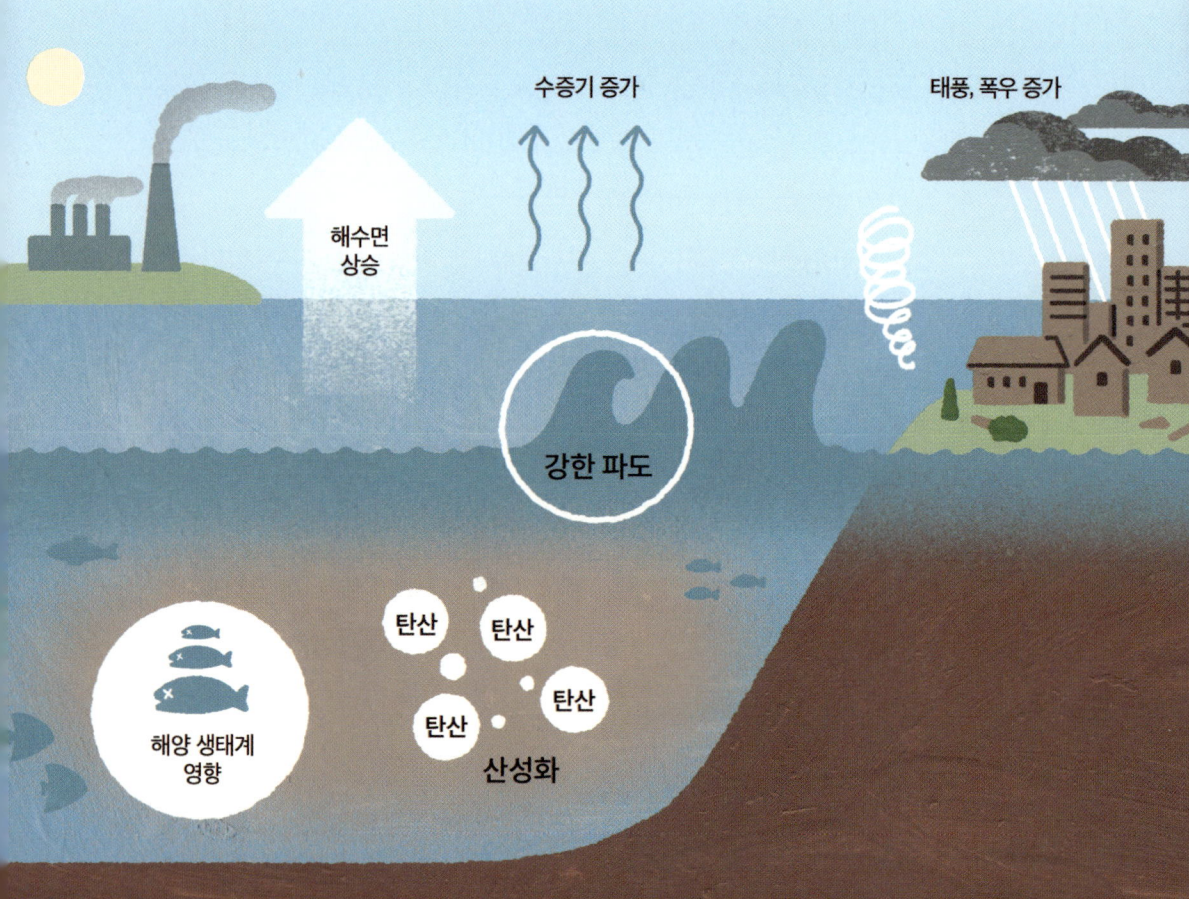

는다는 말이지. 이러한 특성 때문에 지금 당장 온실가스 배출을 멈추더라도 이미 온도가 올라간 바다는 앞으로도 오랫동안 기후 변화에 영향을 미칠 수 있어.

바다가 붉게 변하는 적조 현상

지구 온난화로 수온이 높아지면 적조 생물이 번식하기에 알맞은 환경이 만들어져. 우리나라의 경우 바다의 온도가 오르면서 1980년대 이후부터 적조 생물에 의한 적조 현상이 증가하고 있어. 특히 폭염이 심해 수온이 올라가는 여름에 주로 나타나지.

적조 현상은 붉은색을 띠는 식물 플랑크톤인 적조 생물이 갑작스레 엄청난 수로 번식해 바다나 강, 운하, 호수 등의 색깔이 붉게 보이는 현상을 말해. 적조 현상이 나타나면 보기에도 나쁘지만 물속 산소가 부족해지면서 해양 생물에게 악영향을 미치지. 또 유해한 적조 생물의 경우 인간에게 큰 피해를 끼칠 수 있어.

전 세계적으로 적조를 일으키고 있는 적조 생물은 200여 종인데, 우리나

적조가 일어난 바다

라에는 70여 종이 발견되고 있어. 적조 생물은 크게 독이 있는 것(유독성 적조)과 독이 없는 것으로 분류하는데, 독이 없는 적조 생물이라도 한꺼번에 많이 번식하면 어류를 질식시켜 폐사를 일으킬 수 있어.

 예를 들어 우리나라에서 적조 현상을 일으키는 대표적인 적조 생물 코클로디니움이 그렇지. 주로 여름철에 적조를 일으키는데, 독성은 없으나 다량의 점액 물질을 분비하기 때문에 물고기의 아가미 기능을 떨어트려 호흡을 힘들게 함으로써 질식해 죽게 만드는 거야.

 또한 유독성 적조의 경우 독소를 만들기 때문에 이 독소를 해양 생물이 먹고, 독소를 먹은 해양 생물을 다시 우리가 섭취하게 되면 문제를 일으킬 수 있지.

바다 사막화, 갯녹음 현상

 갯녹음은 바다의 물이 흐르는 곳을 의미하는 '갯'과 '녹다'의 명사형인 '녹음'을 합성해 만든 순우리말이야. 얼핏 들으면 아름다운 말로 보이지만 바다에는 치명적이지.

 육지에 나무와 같은 식물이 있듯이, 바닷속에는 미역, 다시마 등 많은 해조류가 살고 있어. 해조류는 육지의 식물과 같이 바닷속에서 산소와 영양물질을 만들고 해양 생물의 직접적인 먹잇감이 되기 때문에 해양 생물에게 무척 중요한 존재지. 갯녹음은 이렇게 유용한 해조류가 사라지는 것을 말해.

 바다의 온도가 상승하면 높은 수온에서 잘 자라는 흰색 조류인 무절 석회 조류(마디가 없는 석회 조류)가 번식하게 되고, 해양의 바닥면이나 바위에 달라붙어 하얗게 번성하지.

무절 석회 조류는 몸속에 탄산 칼슘이 많아서 바위나 다른 해양 동식물의 표면을 딱지처럼 뒤덮어. 그러면 바위 등에 붙어 살던 미역과 다시마 같은 해조류는 달라붙을 장소를 확보하지 못해 성장하기 어렵지. 즉, 바닷속에 쓸모 있는 해조류 대신 딱딱한 시멘트 같은 석회질이 뒤덮여 사막처럼 변하게 되는 거야.

갯녹음 현상

무절 석회 조류의 주성분은 탄산 칼슘이기 때문에 해양 생물의 먹이가 될 수 없어. 갯녹음 현상으로 해조류가 사라지게 되면, 해조류를 먹잇감으로 삼는 해양 생물에게도 영향을 미쳐서 바다 생태계 전체가 위협받게 되는 거야.

우리나라 연안 곳곳에서도 갯녹음 현상으로 많은 해조류가 사라지고 있어. 우리나라에서 갯녹음 현상이 처음 발견된 것은 1970년대 말이었는데, 이후 발생 범위가 넓어져 남해안, 동해안과 서해안까지 확산되었지. 그 결과 우리나라 전체 해양 암반 면적 중 33.5%에서 해조류가 사라지는 갯녹음 현상이 일어났어. 이것은 서울 여의도 면적의 43.8배나 될 정도로 엄청난 규모야.

물속으로 사라지는 나라들

기후 변화에 따른 해수면 상승으로 바다에 잠기는 나라가 있다는 소식을 들은 적 있니? 육지의 높이가 낮거나 작은 섬으로 이루어진 나라들은 해수면이 높아지면 국토가 바닷물에 잠길 수도 있어. 이 같은 현상은 전 세계에서 현실로 일어나고 있고, 지금도 수천만 명의 사람들이 침수의 위험 속에서 불안하게 살고 있지.

바닷물의 온도가 오르면 물의 열팽창 현상에 따라 부피가 늘어나고 해수면을 높이게 돼. 열팽창은 물질에 열이 가해졌을 때 부피가 늘어나는 것을 말해. 실제로 여름의 해수면이 겨울에 비해 높은데, 물의 열팽창 현상에 따라 여름에 바닷물의 온도가 올라가기 때문이지.

이렇게 지구가 더워지면 육지 빙하가 녹은 물까지 바다로 들어오게 되면서 해수면은 더 높아진단다.

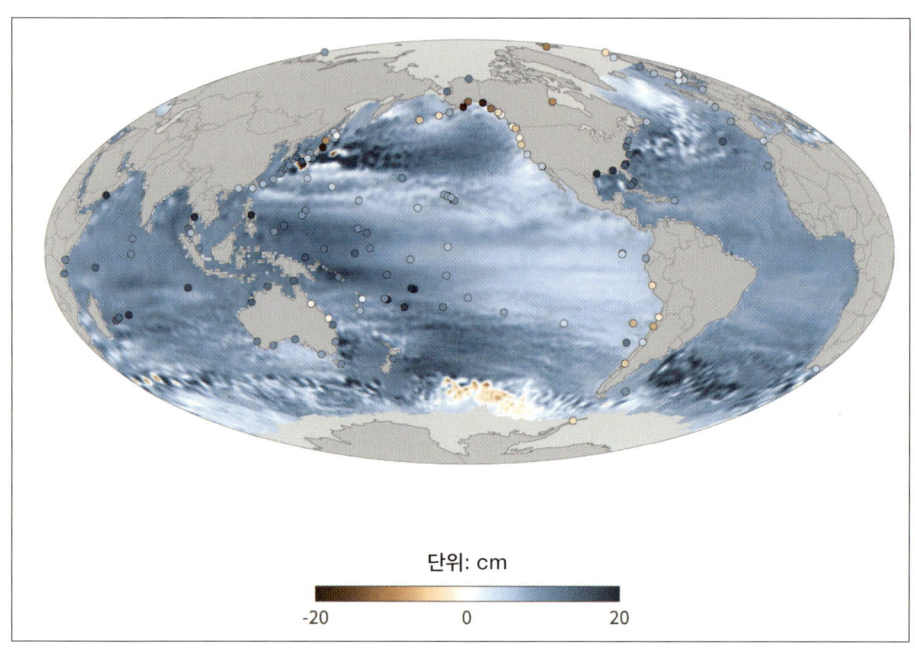

1993년 이후 해수면 높이 변화(2021년 기준)

실제로 지구의 평균 해수면은 1993년 이후 지속적으로 상승했고, 최근 들어 상승 속도가 더 빨라지고 있어. 지구의 해수면이 1993~2002년에는 연간 2.1mm씩, 2003~2012년에는 연간 2.9mm씩, 2013~2022년에는 연간 4.5mm씩 상승하는 중이야. 2020년 국립해양조사원 발표에 따르면 우리나라의 해수면도 최근 30년 동안(1990~2019년) 연간 평균 3.12mm씩 상승했다고 해.

기후 변화로 해수면이 올라가면 가장 눈에 띄는 피해가 해양의 범람이야. 해수면과 육지의 높이 차이가 줄어들면서, 해안 도시나 섬나라들이 물에 잠길 위험이 높아지는 거지.

육지가 바다에 잠기면 그곳에 살고 있는 사람들은 엄청난 피해를 입을 수밖에 없어. 특히 지하수에 바닷물의 염분이 스며들기 때문에 물을 식수나 농업용으로 사용하기 어렵지. 또 소금 성분은 녹이 잘 슬게 해서 도로나 다리 등 도시의 건축물에도 큰 피해를 줄 수 있어.

물에 잠기고 있는 섬나라, 투발루

남태평양의 섬나라 투발루의 외교장관은 무릎까지 차오른 바다에서 연설하며 국제적으로 화제를 모은 적이 있어. 해수면 상승으로 인한 직접적인 위협에 직면한 투발루가 자국이 처한 위험 상황을 알리고 국제적인 기후 변화 대응을 촉구하기 위해 수중 연설을 기획한 거였지.

투발루는 하와이와 오스트레일리아 사이에 있는 인구 약 11,800명의 작은 섬나라야. 투발루의 국토는 4개의 암초섬과 5개의 산호섬으로 이루어져 있으며, 평균 해발 고도가 불과 3m 정도로 낮고 평평해. 이러한 낮은 고도 때문에 해수면의 높이에 영향을 직접적으로 받을 수밖에 없고, 조수 간만의 차에 따라 잠기고 떠오르기를 반복하지.

불행히도 현재 투발루는 바다에 잠겨 사라져 가고 있어. 매년 약 0.5cm씩 잠기고 있기 때문이지. 이제는 살 수 있는 땅이 많지 않아 인구의 약 60%가 넘는 주민들이 수도인 푸나푸티에 모여 살고 있어. 해수면의 상승으로 앞으로 머지않아 전 국토가 사라질 상황이야. 투발루

사람들은 너무 두려워 이웃 다른 나라로 이민을 가기도 해.

침몰하는 아름다운 물의 도시, 베네치아

이탈리아의 아름다운 도시, 베네치아에 대해 들어 본 적 있니? 베네치아는 수많은 운하가 연결되어 있어 물의 도시라 불린단다. 많은 사람들이 찾는 세계적인 관광지이기도 하지. 전 세계에서 매년 2000만 명 이상의 관광객들이 방문할 정도야. 하지만 베네치아도 해수면의 상승으로 조금씩 물속에 잠기고 있어.

베네치아는 베네치아만의 입구가 모래로 막히면서 생긴 석호 안쪽에 자리 잡고 있어. 습지에 나무 기둥을 박고 대리석을 깔아 다진 지반 위에 세워진 베네치아는, 도시가 만들어진 당시에는 충분한 높이였지만, 해수면이 상승하면서 과거와는 상황이 달라졌지.

기후 변화가 시작되면서 베네치아는 홍수가 잦아졌어. 2019년에는 도시의 80% 이상이 물에 잠기는 최악의 대홍수도 겪었어. 홍수가 나면서 역사적인 유적뿐만 아니라 귀한 문화재들이 침수되는 바람에 주요 산업인 관광업에 큰 피해를 받고 있지.

점점 사라지는 용머리 해안 탐방로

우리나라도 마찬가지야. 유네스코 세계 지질 공원으로 인증된 제주도의 용머리 해안은 풍광이 무척 아름다운 곳이지만 그 모

제주 용머리 해안

습을 아무 때나 볼 수는 없어. 해수면의 상승으로 만조 시에는 산책로가 물에 잠기기 쉬워 들어갈 수 없는 날이 많아졌기 때문이지.

용머리 해안은 용이 머리를 들고 바다로 들어가는 자세를 닮았다고 해서 붙여진 이름이야. 그리고 주변으로 아름다운 경치를 감상할 수 있는 탐방로가 있지. 1987년 탐방로가 처음 만들어질 때만 해도 만조에 바닷물에 잠기지 않았지만 해수면이 점차 올라가면서 탐방로가 물에 잠기기 시작했어. 실제 용머리 해안의 해수면은 2000년부터 2020년까지 20년간 10.1cm나 상승했어. 이제는 태풍 등 기상 악화가 아니라도 파도가 높게 일면 탐방할 수 없게 되었지.

2021년에는 용머리 해안의 관람이 통제된 날이 204일이나 되었어. 즉, 이곳 해안을 걸을 수 있는 날이 1년 중 절반도 되지 않는 거지. 앞으로 해수면이 더 상승하게 되면, 용머리 해안은 영원히 걸을 수 없는 곳이 될지도 몰라.

식초처럼 산성으로
변하는 바다

설탕이나 소금 같은 고체가 물에 녹는 것처럼 이산화탄소와 같은 기체도 물에 녹을 수 있어. 대기 중에 이산화탄소의 양이 많아지면 바다가 흡수하는 이산화탄소의 양도 늘어나게 된단다.

바다에 흡수된 이산화탄소는 물과 만나서 산성도를 높이게 돼. 산성도를 표현하는 수소 이온 지수(pH)는 7.0이면 중성이고, 이보다 낮으면 산성, 높으면 염기성으로 분류하는데, 바다는 일반적으로 약한 염기성이야.

하지만 바다의 이산화탄소 농도가 증가하면 pH가 낮아지는 산성화가 진행되지. 즉, 바다에 녹은 이산화탄소는 물과 반응해 탄산염과 함께 수소 이온(H^+)을 만들어 내고, 바다의 산성도를 증가시키는 거야. 이러한 변화를 '해양 산성화'라고 해.

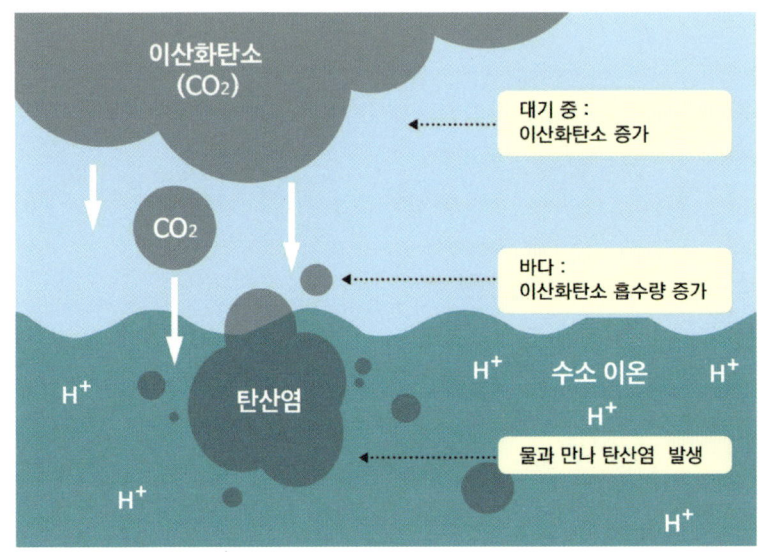

해양 산성화 진행 과정

바다는 대기에 배출된 이산화탄소 양의 23%를 흡수하기 때문에 기후 변화의 영향을 완화시키는 데 기여했지만, 흡수된 이산화탄소가 바다의 산성도를 증가시킴으로써 화학적 특성을 바꾸어 놓았지. 실제 1980년대 후반부터 10년마다 0.017~0.027pH 비율로 지구의 해양 pH가 크게 감소하고 있어.

해양 생태계를 위협하는 해양 산성화

해양 산성화는 해양 생물의 성장을 방해해서 해양 생물

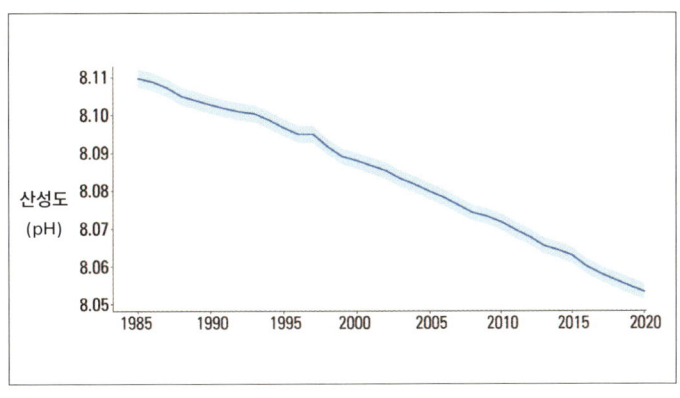

1985~2020년 해양 산성도의 변화

이 살아가는 데 큰 영향을 미칠 수 있어. 이산화탄소가 바다에 녹아 발생한 수소 이온은 해양 생물이 껍데기[탄산 칼슘($CaCO_3$)]를 만드는 데 필요한 해양 속 탄산 이온(CO_3^{2-})과 반응해.

이러한 화학적 반응에 따라 홍합과 굴, 게와 같이 껍데기를 가진 해양 생물들이 사용해야 하는 탄산 이온 수가 줄어들게 되고, 껍데기를 만들기 어려워진 해양 생물들은 생존이 힘들 수 있지.

또 해양 산성화는 먹이 사슬 전반에 걸쳐 해양 생태계를 위협할 수 있어. 해

해양 산성화로 생존이 어려워질 수 있는 굴(위)과 홍합(아래)

양 산성화에 따른 해양의 화학적 특성이 변함에 따라 대부분의 해양 생물은 호흡이나 에너지 저장 등 생존을 위해 변화에 적응해야 되거든. 이러한 급격한 변화에 적응하지 못하는 해양 생물은 잘 자라지 못하고, 번식도 어려워 살아남기 힘들지.

예를 들어 체내 pH를 자정할 수 있는 대구와 같은 어류는 직접적인 영향을 받지는 않지만, 어린 물고기나 몸집이 작은 어류는 해양 산성화에 따라 평형 감각 및 위치 감각에 장애가 발생하고 후각 기능이 약화될 수 있어. 그러면 아무래도 상위 포식자에게 쉽게 잡아먹히게 되므로 개체군의 유지가 어려워질 수 있지. 이들을 먹이로 하는 상위 포식자들도 처음에는 좋을지 모르지만 이들이 사라지면 결국 생존에 치명적인 영향을 받을 수 있어.

좋아하는 생선을 못 먹게 될지도

 기후 변화는 우리의 식탁을 바꿀 수도 있어. 우리가 즐겨 먹던 생선들을 더 이상 먹지 못하게 될 수도 있다는 말이야.
 해양 생물은 바닷물의 온도에 영향을 받기 때문에 수온이 변하면 서식하는 분포 형태가 바뀌게 마련이야. 어류는 변온 동물이라서 수온의 변화에 민감하거든. 어류는 수온이 오르면 대사 작용이 빨라져 더 많은 산소가 필요하고, 수온이 낮아지면 대사 작용이 느려지게 되므로 서식에 적합한 수온을 찾아 사는 곳을 옮겨야만 하는 생물이야.
 서식 수온에 따라 어류는 난류성 어류와 한류성 어류로 구분할 수 있어. 난류성 어류에는 고등어, 방어, 다랑어, 갈치, 멸치 등이 있고, 한류성 어류에는 가자미, 대구, 명태, 연어, 청어, 꽁치 등이 있어.
 계속해서 바다의 온도가 오르면 어류의 대사 작용뿐만 아니라 영양 염류, 먹이생물 등에 변화가 일어나게 되지. 그 결과 많은 어류들이 살던 지역에서 벗어나 더 시원한 지역이나 성장에 더 적정한 환경을 가진 곳으로 이동할 수 있어.
 헤엄을 치는 어류는 고정된 장소나 거주지에 머무는 경우가 적기 때문에 육지의 동물보다 위치를 더 쉽게 이동할 수 있어. 이렇게 어류가 이동하면 어획량이 감소해 어촌 지역의 경제에도 큰 영향을 미치게 되지.
 예를 들어, 특정 지역 바다의 온도가 상승하게 되면 따뜻한 물에 사는 물고기들이 번성하고, 대신 차가운 물에 사는 물고기들은 떠나면서 수가 줄어들지. 결국 차가운 물을 좋아하는 한류성 어류가 줄어 그 어획량도 줄어들 수밖에 없어. 실제 우리나라도 바닷물 온도 상승으로 고등어, 멸치 등 난류성 어류의 어획량이 증가하고, 명태, 꽁치, 도루묵 등 한류성 어류의 어획량은 감소하고 있어.

3장

기후 변화는 산림과 농업에
어떤 영향을 미칠까?

늘어나는
대형 산불

최근 기후 변화로 인해 산불이 발생하기 쉬운 고온·건조한 환경으로 변하면서 오스트레일리아, 미국 등 세계 곳곳에서 대형 산불이 발생하고 있어. 우리나라도 건조한 날이 늘어나며 전국 각지에서 큰 산불이 이어지고 있지. 참고로 여기에서 말하는 대형 산불은 피해 면적이 100헥타르 이상이고, 24시간 이상 이어지는 산불을 말해.

이처럼 산림과 농업 분야에서도 기후 변화는 큰 고민거리야. 기후 변화는 산림과 농업이 인간에게 주는 혜택에 변화를 가져오며, 큰 피해를 줄 수 있거든. 특히 산불은 생태계를 파괴하고, 재산 피해와 인명 피해로 이어질 수 있지.

최근 우리나라의 주요 대형 산불 현황			
지역	산불 규모		피해액
	기간	면적	
경상북도 안동·예천	2021.2.21.~2.23.	419헥타르	177억 원
경상북도 안동	2020.4.24.~4.27.	1,944헥타르	106억 원
울산광역시 울주	2020.3.19.~3.20.	519헥타르	28억 원
강원도 고성·강릉·인제	2019.4.4.~4.6.	2,872헥타르	1291억 원 (이재민 1,289명)
강원도 강릉·삼척	2017.5.6.~5.9.	1,017헥타르	608억 원 (이재민 85명)

기후가 따뜻해져 눈 대신 비가 내리면 공기 중의 수분이 강물로 빠져나가게 돼. 특히 더운 지역에서는 토양의 수분이 더 잘 증발하기 때문에 토양이 건조해져 산불 위험이 높아. 산불은 떨어진 낙엽끼리 마찰이 일어나서 생기는 자연 발화나, 담배꽁초 등 사람의 잘못으로 일어나지만, 공기나 땅이 건조하면 규모가 더 커질 수 있다는 거지.

역대 최악의 오스트레일리아 산불

앞에서 살펴본 2019년 9월 오스트레일리아에서 일어난 대형 산불은 대표적인 기후 변화로 인한 산불이야.

오스트레일리아는 원래 여름에 기온이 높고 건조한 편이어서 산불

오스트레일리아 산불

이 종종 발생하곤 했어. 하지만 2019년 산불은 오스트레일리아 동남쪽 뉴사우스웨일스에서 산발적으로 일어나 오스트레일리아 전역으로 번지며 최악의 산불로 확대되었지.

산불로 인해 오스트레일리아 전역에서 최소 33명이 사망했고, 3,100여 채의 주택이 파괴되고, 최소 수십 억 마리의 야생 동물들이 떼죽음을 당하는 등 큰 피해가 발생했지. 특히 오스트레일리아의 상징적인 동물인 코알라는 5,000여 마리가 죽고, 뉴사우스웨일스 지역에서만 코알라 서식지의 24%가 훼손되어 사실상 멸종 위기에 처하게 되었을 정도야. 또 산불로 생긴 많은 재가 강과 호수에 흘러들어 식수가 오염되기도 했지.

오스트레일리아 산불의 원인은 기후 변화로 인한 기록적인 고온 현상과 유례없는 가뭄이었어. 이 산불 이후 기후 변화 정책에 소극적이었던 오스트레일리아 정부는 산불과 기후 변화의 연관성을 처음으로

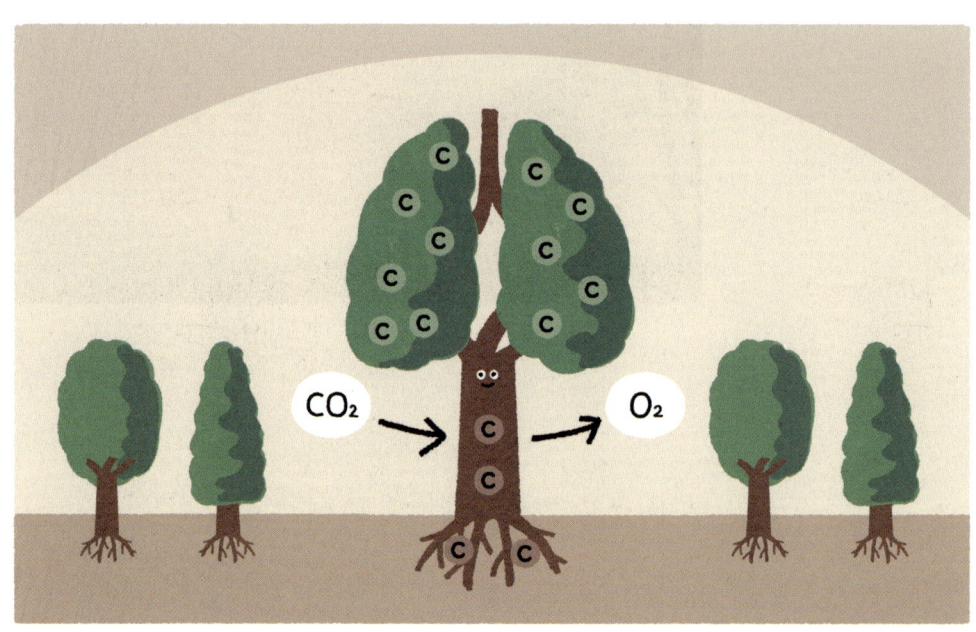

인정하며, 탄소 배출량을 줄이고 전기차 구입을 지원하고 재생 에너지에 대한 투자도 늘리겠다는 입장을 밝혔지.

온실가스를 배출하는 산불

나무는 광합성을 통해 대기 중에서 이산화탄소를 흡수한 뒤, 산소를 내보내고 줄기, 가지, 잎 및 뿌리 등에 탄소를 저장해. 그래서 나무가 많은 산림은 온실가스의 흡수원으로 중요한 역할을 하지.

하지만 산불이 빈번해지거나 강해지면, 많은 나무가 불에 타서 그동안 저장했던 탄소까지 배출하게 되지. 즉, 산불 때문에 대기 중으로 대량 배출되는 이산화탄소는 기후 변화의 직접적인 원인이 될 수 있어.

예를 들어, 오스트레일리아는 2019년과 2020년의 대형 산불로 인해 약 1억 8600만 톤의 이산화탄소를 대기 중으로 배출했어. 이는 오스트레일리아가 당시 1년 동안 배출하는 이산화탄소의 양보다 많아. 실제 오스트레일리아에서는 대형 산불 이후 그해 연간 이산화탄소 배출량이 2배로 증가했어.

또한 산불은 간접적인 효과로 기후 변화에 영향을 미칠 수 있어. 다시 말해, 산불로 인해 산림이 사라지면 온실가스 흡수원이 감소하고, 이는 다시 기후 변화에 영향을 미치게 되는 거야.

대표적인 예로 아마존의 산불 피해를 들 수 있어. 아마존은 브라질, 페루와 콜롬비아 등 9개 나라에 걸쳐 있는 세계에서 가장 큰 열대 우림이야. 아마존은 지구의 이산화탄소를 흡수하고 저장하는 데 큰 역할을 해서 '지구의 허파'라고 불리지.

 하지만 아마존에 큰 산불이 자주 일어나 어마어마한 면적이 불에 타면서 아마존의 이산화탄소 흡수 능력이 크게 떨어지고 있어. 심지어 아마존의 이산화탄소 배출량은 흡수량을 넘어설 정도야. 실제 2010~2019년 브라질의 아마존에서 배출된 이산화탄소 배출량은 166억 톤인데 반해, 흡수량은 139억 톤으로 약 27억 톤의 이산화탄소를 더 배출했지. 거대한 지구의 허파가 아니라 오히려 배출원으로 변해 가고 있는 거야.

빨라지는 봄꽃 개화

겨울에도 잎이 지지 않고 사시사철 푸른 잎을 유지하는 소나무는 오래전부터 우리 국민들로부터 많은 사랑을 받아 왔어. 하지만 기후 변화로 소나무가 죽어 가고 있지.

일반적으로 나무와 꽃 등 식물의 생장과 분포는 식물이 잘 자랄 수 있는 온도, 강수량과 같은 환경 조건에 크게 영향을 받아. 특히 기온은 조금만 변해도 나무가 자라는 데 큰 영향을 줄 수 있어.

기온이 상승하면 땅이 건조해지면서 나무의 생장 환경이 달라져. 물고기들은 환경이 변하면 다른 곳을 찾아 떠나지만, 나무들은 변화된 환경에 적응하지 못할 경우에는 생육 스트레스를 받아 피해를 입거나 지역에서 멸종이 되기도 해. 시간이 흐르면서 보다 시원한 고지대나 북쪽에서 그 나무가 발견될 수 있어. 원래 자리에는 따뜻하고 건조한

우리나라 금강 소나무

환경을 좋아하는 나무가 자리 잡을 테고.

우리나라의 금강 소나무는 다른 소나무에 비해 줄기가 곧게 잘 자라며, 강도가 강하고 송진 함유량이 많아 잘 썩지 않기 때문에 옛날부터 궁궐이나 큰 사찰을 짓는 재목으로 사용했어.

하지만 경상도와 전라도 같은 남쪽 지역에서 금강 소나무가 잘 자라지 못하고 점차 강원도 지역으로 올라오고 있다고 해. 지구 온난화로 기온이 따뜻해지면서 소나무가 살아가기에 적합한 곳이 남부 지방에서 북부와 중부 지방으로 옮겨가고 있다는 것을 알 수 있지.

빨리 피는 봄꽃

우리나라의 봄이 점점 빨라지고 있다는 걸 알고 있니? 봄의 계절 길이는 길어졌다 짧아졌다를 반복하며 일정한 편이지만, 지구 온난화로 평균 기온이 상승하면서 봄이 일찍 찾아오고 있어. 봄 시작일은 일평균 기온이 5℃ 이상 올라간 후 다시 내려가지 않는 첫날이야.

우리나라 봄 시작일과 계절 길이 변화		
기간	봄 시작일	봄 계절 길이
과거 30년 (1912~1940년)	3월 18일	85일
최근 30년 (1991~2020년)	3월 1일	91일

봄 시작이 빨라진 만큼 봄꽃이 피는 개화일도 빨라졌어. 실제 과거 60년(1950~2010년대) 동안 개나리, 진달래, 벚꽃 등 우리나라 대표적인 봄꽃의 개화일이 3~9일이나 빨라졌어. 따듯한 봄날이 며칠 빨리 오는 게 무슨 문제냐고 생각할 수도 있지만 이런 현상은 생태계의 불균형을 발생시킬 수 있어.

더욱 중요한 것은 봄꽃의 개화일이 당겨지는 속도가 과거보다 점점 빨라지고 있다는 거야. 앞으로 우리나라의 기온이 더 오르면 봄꽃이 훨씬 더 빨리 피겠지. 어쩌면 지금과 같은 봄날의 풍경을 앞으로는 느낄 수 없을지 몰라.

사라져 가는 꿀벌들

우리나라를 비롯해 세계 곳곳에서 꿀벌이 사라지거나 떼죽음을 당하는 현상이 발생하고 있어. 꿀벌은 우리에게 달콤한 꿀을 제공하는 매우 고마운 존재야. 하지만 꿀벌의 가치를 꿀에만 한정하기에는 생태계에서 차지하고 있는 역할이 너무도 크고 중요해. 만약 꿀

벌이 사라지면 우리에게는 어떤 일이 발생할까?

　겨울이 따뜻해져 꽃이 피는 시기가 빨라지면 벌통 속의 꿀벌들은 평소보다 일찍 밖으로 나와 활동을 시작하려고 할 거야. 꽃에서 꿀과 화분을 모으는 채집 활동을 시작하는 거지. 하지만 꿀벌들은 너무 이른 봄부터 활동을 시작하면 체력이 빨리 소진되고, 꿀을 따러 나갔다가 갑자기 기온이 떨어질 경우, 벌통으로 다시 돌아오지 못할 수도 있어. 실제 우리나라의 경우 2021~2022년 겨울철 피해를 입은 꿀벌이 80억 마리나 될 정도야.

　꿀벌의 수가 줄어드는 것은 꿀벌의 위기에서 그치지 않고 생태계 전반에 악영향을 줄 수 있다는 점도 큰 문제야. 꿀벌은 꿀샘을 찾아 꿀을 뜨는 활동을 하면서 자연스럽게 꽃가루를 옮겨 식물이 열매를 맺도록 도와주거든. 상추, 당근, 키위, 감귤, 배, 복숭아 등 많은 작물들이 수분 과정에서 꿀벌의 도움을 받고 있지. 그러니까 사람들이 꿀벌의 도움을 많이 받는다는 말이야. 만약 꿀벌의 수가 줄어들면, 꿀벌의 꽃가루 매개 활동이 필요한 채소, 과일 등 모든 농작물에 막대한 피해를 주고 심각하게는 식량난이 일어날 수도 있어.

외래 해충의
증가

기후 변화의 영향으로 산림이나 농경지에서 발생하는 해충도 큰 말썽이 되고 있어.

해충은 산림과 농작물에 피해를 주는 곤충을 말해. 다른 곤충과 마찬가지로 알에서 유충, 번데기를 거쳐 성충으로 자라지. 해충은 주로 나뭇가지에 알을 낳는데, 부화한 다음 유충이나 성충이 가지에 달라붙어 즙액을 빨아 먹으면서 나무가 자라는 것을 방해하고 식물이 잘 자라지 못하게 하지. 특히 나무의 양분과 수분이 이동하는 것을 막아서 나무를 말라 죽게 할 수도 있어.

그런데 겨울철 온도가 상승하면서 해충의 알이 추위에 죽지 않고 살아날 확률이 높아졌어. 또 알의 부화 시기도 빨라지고 양도 증가했지. 무엇보다 계절이 전체적으로 따뜻해지면서 미국선녀벌레, 갈색날개매미충 등 외래 해충이 우리나라에 토착화되어 퍼지는 게 문제야.

미국선녀벌레

미국선녀벌레는 북아메리카에 주로 서식하는 해충이야. 2009년 경기도와 경상도 지방에서 처음 발견되었는데 이후 전국적으로 퍼졌어. 미국선녀벌레는 몸길이가 5mm 정도이며, 밝은색의 머리와 몸에 전체적으로 검고 흰 점무늬가 있지. 일반적으로 겨울에 월동하고 3~4월 사이에 알을 부화해 6~10월에 성충으로 성장해. 특히 점프를 하거나 날아서 주변의 식물로 쉽게 옮겨 갈 수 있는 특성을 가지고 있어.

이 때문에 미국선녀벌레는 포도나무, 감귤나무, 복숭아나무 등의 과일나무뿐만 아니라 단풍나무나 버드나무와 같은 활엽수에서도 서식하는 등 많은 식물에 피해를 끼치지. 또 여러 마리가 모여 수액을 빨아 먹고 흰색의 물질을 나무에 분비해서 나무가 제대로 자라지 못하거나 잎이나 줄기 등에 병이 생겨.

미국선녀벌레

갈색날개매미충

갈색날개매미충은 아열대 지역에서 주로 서식하는 해충이야. 2009년 충청남도 공주에서 처음 발견된 후 울릉도, 제주도를 제외한 국내 곳곳에서 볼 수 있어.

갈색날개매미충은 몸길이가 약 8.5~9mm이며, 날개를 접었을 때 삼각형 모양이야. 식물의 줄기에서 알로 지내다가 5~8월에 애벌레 시기를 거치는데, 이때는 성충보다 많은 수액을 먹으며 4번의 탈피를 거쳐 성충으로 성장해.

갈색날개매미충은 사과, 배, 복숭아, 대추 등의 주요 과일나무를 비롯한 다양한 활엽수에 피해를 끼치는 광식성 해충(먹이의 선택 범위가 넓은 해충)으로 알려져 있어. 주로 1년생 가지에 2줄로 산란하며, 왁스 물질이 들어 있는 배설물을 분비해 잎, 줄기, 열매에 그을음 증상을 유발하지. 이 때문에 작물의 상품성이 떨어지고, 심할 경우에는 식물을 고사시키기도 해.

갈색날개매미충

강원도에서 감귤을 재배할 거라고?

지구의 기온이 올라가면서 우리나라의 사과, 배, 복숭아 등 과일의 생산지가 변하고 있어. 이러한 현상은 기후 변화로 날씨가 더워지고 강수량이 변동하면서 과일을 재배하는 지역의 환경 조건이 변했기 때문이야.

  모든 작물은 생육에 필요한 적정 온도가 있어. 다시 말하면, 과일별로 연평균 기온, 생육기 기온 등 재배에 필요한 환경 조건이 다르지. 예를 들어 사과와 포도는 성숙기에 기온이 높으면 색깔이 잘 들지 않는 등 품질이 나빠져. 또 추위에 약한 감귤이나 단감은 겨울철의 최저 기온이 비교적 높아야 자랄 수 있어.

  만약 과일의 재배지가 환경 조건을 충족하지 못하면, 과일의 수확량은 불안정하고 품질도 나빠지게 될 거야. 이러한 이유로 변하는 환경 조건에 적응하지 못하는 과일은 다른 재배지로 옮겨 키우게 되지. 실제 우리나라도 기후 변화로 주요 과일의 주산지가 남부 지방에서 충청북도, 강원도 지역 등으로 북상하고 있어.

  정부 분석에 따르면 지구 온난화가 계속될 경우 사과와 배 재배지는 점점 사라지게 된다고 해.

사과	앞으로 지속해서 총 재배 가능지가 줄어들고, 2070년대에는 강원도 일부 지역에서만 재배가 가능.
배	2030년대까지 총 재배 가능지가 증가하다가, 2050년대부터 줄어들어 2090년대에는 강원도 일부 지역에서만 재배가 가능.

복숭아	2030년대까지는 총 재배 가능지가 소폭 증가하지만, 이후 급격히 줄어 2090년대에는 강원도 산간지에서만 재배가 가능.
포도	2050년대까지 총 재배 가능지가 현재와 같이 유지되나, 이후 급격히 줄어들어 2070년대에는 고품질 재배가 가능한 지역이 감소.
단감	2070년대까지 총 재배 가능지가 꾸준히 증가하고, 산간 지역을 제외한 중부 내륙 전역으로 재배지가 확대.
감귤	총 재배 가능지가 지속해서 증가하고, 재배 한계선이 제주도에서 남해안과 강원도 해안 지역으로 확대.

더워서 계속 위로 이동 중이야.

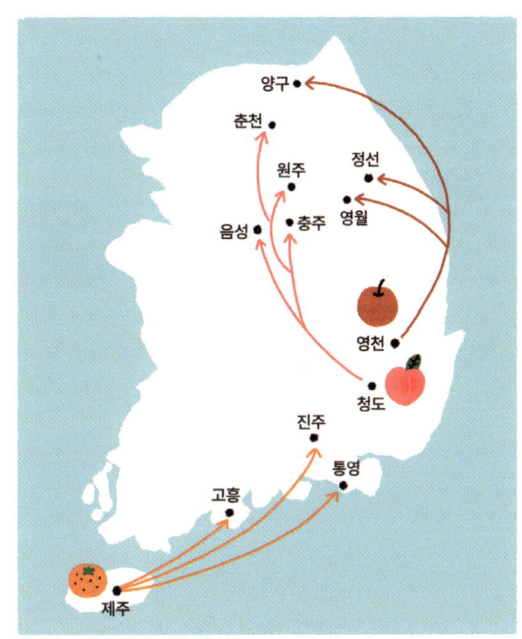

4장

기후 변화는 얼음과 눈에
어떤 영향을 미칠까?

녹고 있는 북극 해빙

'빙권'은 지구에서 얼음이나 눈으로 덮여 있는 곳을 말해. 설빙권이라고도 하는데, 빙하, 만년설, 영구 동토층 등을 모두 포함해. 지구의 육지 가운데 약 10% 정도 되지. 최근 지구 온난화로 지구의 얼음과 눈의 양이 줄어들면서 빙권도 계속 줄어들고 있어.

2021년 '기후 변화에 관한 정부간 협약체(IPCC)' 보고에 따르면 1950년대 이후 전 세계 대부분의 빙하가 동시에 감소하고 있는데 이런 자연 현상은 과거 2000년 동안 없던 일이라고 해. 특히 2011~2020년 북극 해빙의 연평균 면적은 1850년(관측이 가능한 시점) 이후 최저 수준에 도달한 것으로 나타났어. 2021년부터 2022년 10월까지 극지방의 빙하의 두께는 1.3m 이상 줄었다고 해.

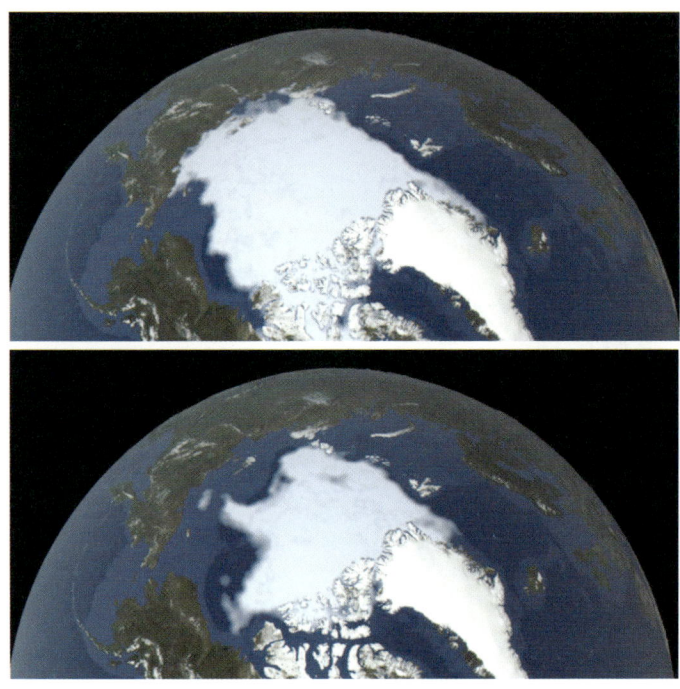

북극 해빙 위성 사진
1979년(위)과 2022년(아래)

북극 해빙의 특성과 역할

북극에서 바닷물이 얼어 만들어진 얼음 덩어리인 해빙은 매년 태양 고도의 변화에 따라 얼거나 녹는 과정을 반복해. 그래서 계절에 따라 크기가 매우 다르지. 어둡고 추운 겨울철이면 해빙은 북극해 전체를 덮을 정도고, 여름에는 해빙의 일부가 따뜻한 기온과 햇빛에 녹아 크기가 줄어들거든.

북극 해빙은 밝은색이기 때문에 물보다 더 많은 태양 에너지(햇빛)를 우주로 반사해서 지구의 에너지 균형을 유지하고, 극지방을 차갑게 유지하는 데 중요한 역할을 하고 있어.

또 북극 해빙은 위의 차가운 공기와 아래의 비교적 따뜻한 물 사이에 장벽을 만들어 공기를 시원하게 유지해 주기도 해. 하지만 기후 변화에 따라 해빙의 양이 줄어들면 북극 지역의 냉각 효과가 떨어지고, 해빙 아래 있는 바다가 노출되면서 태양 에너지를 더 많이 흡수하기 때문에 해양 온난화가 일어날 수 있어.

멸종 위기의 북극곰

북극에서 가장 먼저 떠오르는 건 하얀 북극곰이야. 북극곰들도 북극의 얼음이 줄어들면서 사냥터와 쉴 곳을 찾지 못해 힘든 시간을 보내고 있어.

실제 북극곰은 그 개체 수가 크게 줄어들어 멸종 위기종인 사이테스 2급(CITES II: 멸종 위기에 처한 동식물종 교역에 관한 협약)으로 지정해 보호하고 있어. 멸종 위기종이란 자연 상태에서 스스로 살아가는 야생의 동식물이 자연적이거나 인위적 위협 요인으로 개체 수가 크게 줄어들거나 적은 수만 남아 있어 가까운 미래에 없어질 위기에 처한 상태를 말하지.

북극곰은 북극 생태계의 최상위 포식자야. 그런데 이런 북극곰이 먹이를 구하지 못해서 생존의 위협을 받고 있어. 북극의 최상위 포식자

가 먹이를 구하지 못하는 이유는 뭘까? 북극곰을 위해서는 얼음 밑에서 자라는 작은 '얼음 조류'가 필요해. 조류는 북극 먹이 사슬의 시작점이거든.

플랑크톤이 조류를 먹고, 작은 물고기는 플랑크톤을 먹고, 먹이 사슬을 따라 최상위 포식자 북극곰까지 이어지는 거지. 하지만 북극 해빙이 줄어들면서 얼음 조류의 서식지가 줄고, 이러한 먹이 사슬이 무너지다 보니 북극곰과 같은 북극 동물이 먹이를 찾지 못한 채 굶주리면서 급기야는 멸종 위기에 처한 거야.

살 곳을 잃은
황제펭귄

'빙상'은 남극 대륙과 캐나다 북쪽에 위치한 그린란드에서 수만 제곱킬로미터의 면적을 덮고 있는 육지의 큰 얼음 덩어리를 말해. '대륙 빙하'라고도 하지. 빙상은 주로 눈이 압축되어 만들어진 두껍고 널찍한 얼음 덩어리야.

따뜻해진 기후는 여러 가지 방법으로 빙상의 상태에 영향을 미쳐. 현재까지 관찰된 가장 명백한 영향은 따뜻한 공기와 바닷물로 얼음이 사라지는 거야. 따뜻해진 공기는 얼음을 더 빨리 녹여 바다로 더 빨리 흐르게 하며, 따뜻해진 바닷물은 빙상의 가장자리와 바닥을 녹이지. 특히 이런 현상은 해안 근처 빙상의 가장자리에서 심하게 나타나는데, 녹은 빙상은 지표수로 흘러내리거나 작게 쪼개져서 바다에 빙산으로 떠다니다가 사라지지.

빙상이 줄어들면서 바다로 유입되는 물은 결국 전 세계의 해수면을 상승시킬 수 있어. 2007년 IPCC 연구에 따르면 남극 대륙과 그린란드의 빙상은 해수면을 각각 7m와 57m 정도 상승시킬 수 있을 정도의 양이야.

남극 대륙을 떠나는 크릴새우

북극의 북극곰처럼 남극에서는 황제펭귄이 점점 개체 수가 줄어 위기에 처해 있어. 펭귄의 먹이인 크릴새우가 줄어들고 있기 때문이지.

크릴새우는 새우와 닮았지만 난바다곤쟁이목에 속하는 갑각류로 크기가 약 5~6cm인 동물 플랑크톤의 일종이야. 크릴새우는 남극 해양 생물의 먹이 사슬에서 매우 중요한 위치를 차지해. 일반적으로 크릴새우는 남극 대륙의 빙상 아래로 내려가 미세한 식물 플랑크톤을 잡아먹으며 대량으로 번식하고, 펭귄, 고래, 바다표범 등 여러 남극 해양 생물의 기본 먹이가 되지.

하지만 크릴새우는 기후 변화로 인하여 남극에서 개체 수가 줄고 있어. 남극 대륙의 빙상이 녹으면서 빙상 밑에서 자라는 크릴새우의 먹이도 크게 줄었기 때문이야.

남극 생태계의 주요 먹이인 크릴새우

그 결과 크릴새우는 먹이가 없어 굶어 죽거나 먹이가 있는 곳으로 서식지를 이동하면서 남극에서 수가 크게 줄어들었지. 주요 먹이인 크릴새우가 줄어들면서 자연스럽게 황제펭귄을 비롯한 남극의 주요 해양 동물도 생존에 위협을 받고 있어.

집과 먹이를 잃어 가는 남극 황제펭귄

인기 캐릭터 펭수의 모티프가 된 동물이 무엇인지 아니? 바로 남극의 신사라고 불리는 황제펭귄이야. 황제펭귄은 펭귄 종류 중에서 가장 키가 크고 무거운 종이며, 남극에서만 서식하는 동물이지. 하지만 안타깝게도 기후 변화로 북극곰과 함께 피해를 가장 많이 입고 있는 동물이기도 해.

황제펭귄은 겨울에 알을 낳고 양육을 하기 때문에 남극 대륙에 겨울이 오면 번식을 위해 빙상을 서식지로 삼아 무리 생활을 하지. 이렇듯 남극 대륙의 빙상은 황제펭귄이 번식하고, 먹이를 찾기 위한 필수적인 서식지야. 하지만 최근 지구의 온도가 상승하면서 남극 대륙의 빙상이 빠르게 줄어들게 되었고, 이로 인해 황제펭귄은 살아갈 터전이 줄었지. 게다가 황제펭귄의 주요 먹이인 크릴새우의 서식 조건도 나빠지면서 먹잇감도 줄어들어 생존을 위협받고 있어. 미국에서는 기후 변화로 서식지가 사라져 가는 남극 대륙의 황제펭귄을 2021년에 멸종 위기종으로 지정했지.

줄어드는 적설량

대륙 적설 면적은 특정한 기간에 눈으로 덮인 육지의 넓이를 말해. 이때 기온은 강수량이 눈으로 내리는지 비로 내리는지를 결정하고, 육지의 눈이 녹는 속도에 영향을 미치기 때문에 매우 중요한 요소지.

그런데 지구의 기온이 오르면서 눈 대신 비가 많이 내리는 경우가 많아 적설 면적이 줄어들고 있어. 기상청이 발표한 '2020 기후 변화 감시 종합 분석 보고서'에 따르면 1967년부터 2020년까지 지구 북반구 육지의 봄철 적설 면적은 뚜렷하게 감소했어. 10년마다 17km²씩 줄어든 양이라고 해.

눈은 빛을 반사하는 성질이 강하기 때문에 지구에 도달하는 햇빛을 반사하는 거울 같은 역할을 하지. 반대로 맨땅이나 많은 물이 모인 호수, 바다의 표면은 어두운 색을 띠는데, 태양 에너지의 대부분을 흡수

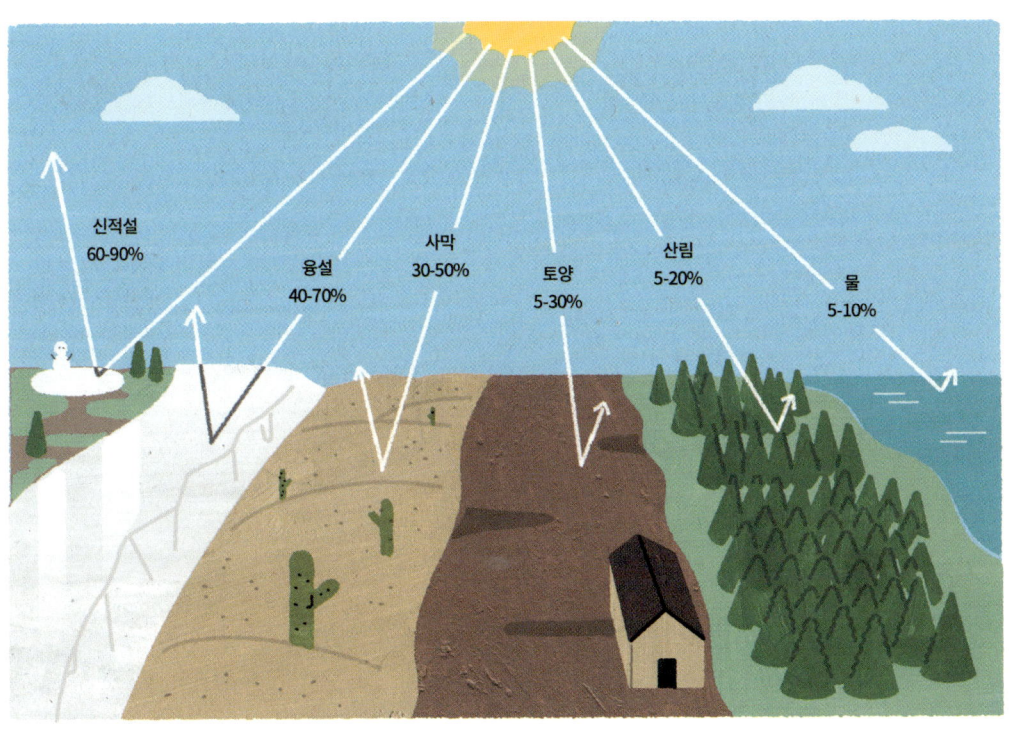

하기 때문에 더 빨리 가열돼. 이처럼 표면이나 물체에 따라 다르게 반사되는 태양 복사 비율(%)을 '알베도'라고 해. 실제 토양의 표면 알베도는 종류에 따라 크게 달라. 일반적으로 눈 덮인 표면은 알베도가 높은 반면, 나무나 풀로 덮인 땅이나 바다는 상대적으로 알베도가 낮게 나타나지.

지표 종류별 알베도	
지표의 종류	알베도
새로 쌓인 눈(신적설)	60~90%
녹은 눈(융설)	40~70%
사막	30~50%
토양	5~30%
산림	5~20%
물	5~10%

적설 면적의 변화가 미치는 영향

눈이 덮인 땅은 높은 알베도를 가져 열전도를 차단하며, 토양에 수분을 공급하는 데에도 기여하기 때문에 기후 시스템에서 중요한 역할을 해.

알베도 원리를 적용해 보면, 적설 면적의 변화는 지구 표면의 가열과 냉각 패턴에 영향을 미칠 수 있어. 더 많은 눈은 더 많은 에너지를 우주로 반사하므로 적설 면적이 넓다는 것은 지구를 냉각한다는 것을

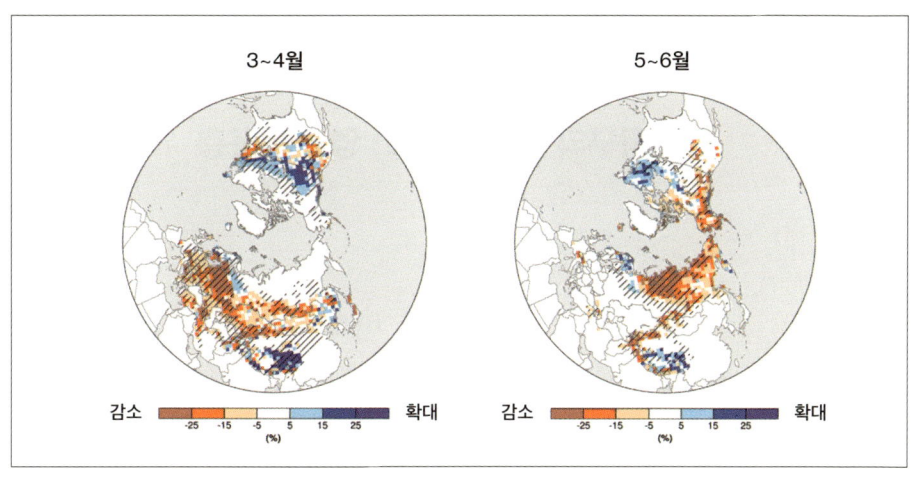

평년(1981~2020년 평균) 대비 2020년 북반구 봄철 적설 면적의 변화

의미하지. 반면 적설 면적이 적으면 더 많은 태양 에너지가 지구 표면에 흡수되어 지구를 데울 수 있어.

적설 면적의 변화는 많은 식물과 동물에게도 중요한 영향을 끼쳐. 예를 들어, 일부 식물과 동물은 영하의 겨울 온도로부터 몸을 보호하기 위해 눈에 의존해. 눈은 극심한 추위를 막는 보호용 담요 역할을 하지. 눈은 토양을 촉촉하게 유지시켜 주기 때문에 봄에 눈이 일찍 녹으면 토양이 빨리 건조되어 식물 성장에 나쁜 영향을 주고, 산불 위험도 증가할 수 있어.

지구의 탄소 저장고, 영구 동토층

영구 동토층은 여름에도 녹지 않고 1년 내내 얼어 있는 땅을 말해. 영구 동토층은 시베리아를 비롯해 지구 곳곳에 분포되어 있지. 지구가 따뜻해지면서 토양의 온도가 물이 어는점 이하로 유지되지 않아 영구 동토층이 빠른 속도로 녹고 있어. 북극 해빙이 녹는 것도 큰 문제를 가져올 수 있지만, 영구 동토층이 녹는 것 또한 큰 문제야.

영구 동토층이 녹으면, 그 위에 사는 사람과 환경에 심각한 영향을 끼칠 수 있거든. 예를 들어, 얼음으로 채워진 영구 동토층이 녹으면 그 위에서 자라던 나무와 같은 식물의 무게를 지탱할 수 없는 물렁한 지반으로 변하게 되어 토양이 흘러내릴 수도 있어. 또 하천의 흐름이 바뀌거나 지하에 묻혀 있던 유해한 성분이 물에 섞여 들어 생태계와 인간에게 해를 끼칠 수 있지. 특히 땅이 꺼져 살던 집이나 도로와 송유관과 같은 기반 시설이 손상되어 큰 사고를 발생시킬 수 있어.

무엇보다 위험한 것은 영구 동토층이 녹으면서 많은 양의 온실가스가 나올 수 있다는 거야. 영구 동토층에는 오래전에 살다가 죽은 식물이나 동물의 잔해가 대량으로 묻혀 있는데, 특히 식물의 경우 살아 있는 동안 대기로부터 이산화탄소를 흡수하는 광합성 작용을 했기 때문에 그 안에 탄소를 저장하고 있어.

그런데 영구 동토층이 녹아서 산소가 공급되면 미생물이 활동해 영구 동토층에 묻혀 있던 식물과 동물의 잔해가 부패하기 시작하고, 이 과정에서 이산화탄소와 메테인 같은 온실가스가 대량으로 뿜어 나오게 되지. 이러한 온실가스가 대기로 방출된다면, 현재의 기후 위기는 더욱 가속화될 거야.

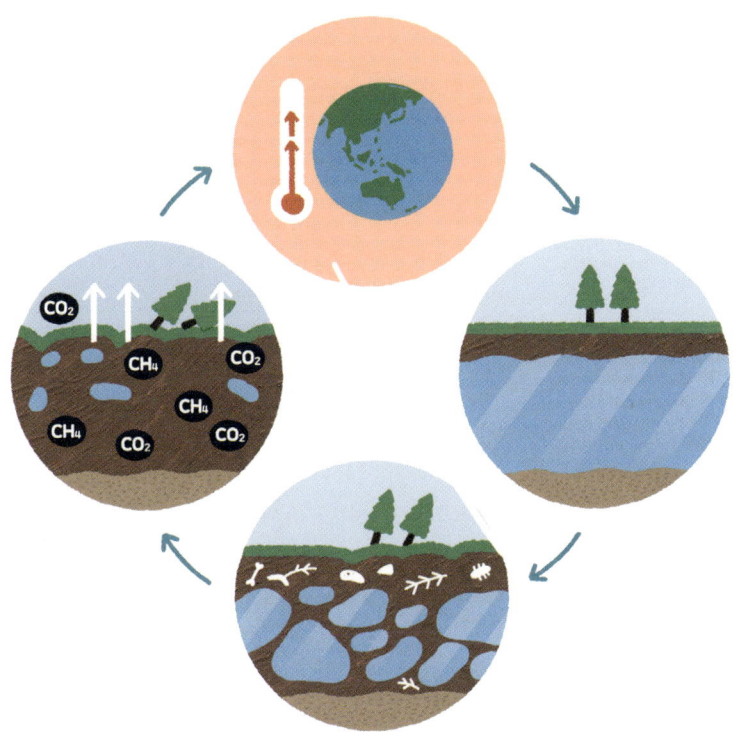

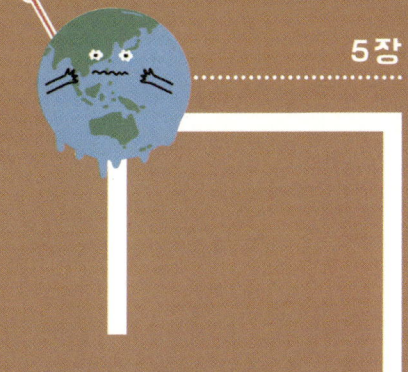

5장

기후 변화는 지구에
어떤 위험을 가져올까?

빈번해진 이상 기후 현상

이상 기후 현상이란 가뭄, 홍수, 한파, 폭염 등 기온이나 강수량 등의 기후 요소가 평년값에 비해 현저히 높거나 낮은 수치를 나타내는 현상을 의미해.

지구가 따뜻해지면서 대기의 순환 패턴이 달라지고, 기후 변동성이 커지면서 전 세계적으로 폭염, 폭설과 한파, 집중 호우 등 이상 기후 현상이 더 자주, 더 강하게 발생하고 있어. 실제 우리나라도 과거에는 경험하지 못한 이상 기후 현상이 많이 일어나고 있지. 매년 폭염이 발생할 뿐 아니라 그 강도가 강화되고 빈도도 증가하고 있어. 또 지역에 따라 집중 호우도 많아졌지.

이상 기후 현상은 짧은 기간에도 막대한 피해를 줄 수 있기 때문에 문제가 될 수 있어. 예를 들면 폭염은 나이가 많은 어르신이나 건강 취

약 계층의 질병과 사망률을 증가시키지. 강수량이 늘면 농업에 도움이 되지만, 단기간 한꺼번에 내리는 집중 호우와 폭설은 홍수를 일으키거나 사고로 이어질 수 있어서 재산 손실을 가져오고 잘못하면 생명까지 잃게 돼.

　이처럼 우리는 극단적인 이상 기후 현상으로 생명과 생계를 위협받을 수 있어. 문제는 앞으로 지구의 온도가 올라갈 때마다 기후의 변동 폭이 더욱 커져, 이상 기후가 더 자주 발생하게 된다는 거야. 아마도 그 피해는 더 많아지고 심해질 거야.

최근 지구의 온도 변화에 따른 이상 기후의 추세를 살펴보면 미래에 기후가 어떻게 될지 짐작해 볼 수 있어. 과거(산업화 이전 1850~1900년)에 10년에 한 번 발생할 만한 육지의 이상 고온이 2.8배 더 자주 발생했으며, 그 강도 또한 과거에 비해 1.2℃나 상승했어.

하룻동안 많은 비가 내리는 이상 호우 현상도 마찬가지야. 과거에 10년에 한 번 발생할 만한 육지의 이상 호우도 오늘날에는 1.3배 더 자주 일어나고, 이상 호우 강도도 과거에 비해 6.7% 증가했어.

이 모든 이상 기후 현상은 과거에 비해 오늘날 지구 온도가 1℃ 높아져서 생긴 일이야. 지구 온도는 지금 이 순간에도 높아지고 있으니까 지구 온도가 2℃나 4℃ 높아지면 어떻게 될까?

만약 지금처럼 지구 온도가 가파르게 올라가는 것을 막지 못한다면 이상 기후가 더 심해질 거야. 이상 고온이 일어나는 날이 점점 더 많아지고, 점점 더 뜨거워지겠지. 집중 호우가 더 잦아지고, 더 거세질 거야. 반대로 건조한 지역은 비를 보지 못하는 날이 더 많아질 거고, 더 오래 건조하고, 생태계는 더 목마르게 되겠지. 지금까지의 관측으로 미래를 예측해 보면 그래.

폭염으로 몸살 앓는 유럽

평소 더위와 거리가 멀었던 유럽이 최근 지구 온난화 때문에 극한의 폭염을 겪고 있어. 여름이 더운 것은 당연한 일이지만 2019년 발생한 유럽의 폭염은 유럽 곳곳에서 사상 최고 기온을 갈아

치울 만큼 위협적이었지.

많은 지역이 40℃ 이상의 최고 기온을 기록했으며, 6월 평균 기온이 25~29℃로 평년(1981~2010년)보다 7~9℃나 높았어. 프랑스에서 45.9℃, 영국에서 38.7℃의 최고 기온을 기록하는 등 독일, 스위스, 이탈리아, 크로아티아 등 유럽 전역에서 모두 관측 사상 최고 기온을 기록했지.

영국은 한여름에도 에어컨 등 냉방 기기가 필요 없을 만큼 선선한 편인데 이때 영국을 덮친 무더위는 사회를 큰 혼란에 빠지게 만들었지. 프랑스에서는 무더위로 1,435명이 사망했으며, 네덜란드도 관측 사상 처음으로 40℃를 넘으면서 사망자도 최소 400명에 달해 폭염의 피해가 컸어.

위도가 높아 비교적 선선한 유럽에서 이렇게 심각한 폭염이 발생한 이유는 지구 온난화 때문이야. 지상 10km 이내 상공에서 발달한 고기압이 한곳에 머무르면 반구 모양의 열막이 형성되고 뜨거운 공기를 그 자리에 가두어 이 지역에는 폭염이 발생하게 돼. 이런 현상을 '열돔 현상'이라고 하는데, 주로 중위도(위도 30~60°) 지역에서 일어나.

열돔이 만들어지려면 상층부의 고기압이 오래 유지되어야 하는데, 일반적으로는 뜨거운 공기와 찬 공기가 섞이는 공기의 순환으로 오래 머물 수 없지. 그런데 지구 온난화로 적도와 극지방의 기온 차가 줄어들면서, 공기의 순환이 약해지고 고기압이 정체되어 비교적 위도가 높은 유럽에서도 극단적인 폭염이 자주 발생하게 된 거야.

미국에서 발생한 이례적인 폭설과 한파

　　미국의 면적은 우리나라의 98배 정도로 넓어. 그렇게 넓은 미국 땅의 73%가 눈으로 덮였다면 얼마나 많은 눈이 내린 걸까?

　2021년 미국은 겨울 폭풍이 몰고 온 기록적인 폭설로 국토의 4분의 3이 눈으로 덮였어. 이것은 미국에서 2003년 이후 가장 넓은 지역에 내린 눈이야. 기록적인 폭설과 한파로 미국의 텍사스, 버지니아 등 18개 주 550만 가구에 정전 사태가 이어졌고, 목숨을 잃은 사람도 60명이 넘을 정도였지.

　이런 미국의 폭설과 한파는 기후 변화와 관련이 있어. 극지방의 차가운 공기 덩어리인 소용돌이는 평소 '제트 기류' 때문에 북극에 갇혀 있어. 제트 기류는 대기권과 성층권에서 좁고 빠르게 지구를 회전하는 공기 흐름으로, 북반구와 남반구에 각각 1개씩 자리하고 있지. 그런데 기후 변화에 따라 북극 온난화로 대기가 따뜻해지면 제트 기류의 흐름이 약해져. 그런 탓에 북극에 있어야 할 찬 공기가 남쪽으로 내려오면서 미국 전역에 한파와 폭설을 발생시킨 거야.

중국의 역대 최장 장마

　　두 달 가까이 여름 장마가 이어지면 어떨까? 덥고 습해서 사람들의 불쾌지수가 엄청 올라가겠지?

　2020년 중국에서는 장마가 62일 동안 이어졌어. 이것은 1961년 이후 중국의 가장 긴 장마였고, 이 기간 동안 집중 호우와 최다 강수량

(759.2mm)을 기록하면서 많은 인명 피해와 재산 피해가 발생했지.

실제 두 달에 걸친 호우로 158명의 사망자, 5500만여 명의 이재민이 생겼고 우리나라 돈으로 약 24조 원 이상의 경제적 피해를 입게 되었지. 특히 중국은 집중 호우의 빈도가 과거 60년간 크게 늘어났는데, 집중 호우 일수가 10년마다 3.9%씩 증가하고 있을 정도야.

중국에서 보듯 기후 변화는 온도를 상승시킬 뿐만 아니라 집중 호우의 빈도를 증가시키고 홍수에도 큰 영향을 미치고 있어. 비의 원료가 되는 것이 수증기인데, 대기 중 수증기 양이 많아질수록 많은 비가 내릴 가능성이 많기 때문이지. 지구 온난화로 바다의 물이 더 많이 증발하고, 이로 인해 대기가 머금을 수 있는 수증기의 양이 많아지면서 비가 더 많이 내리는 원인이 되고 있지.

길어진 여름,
짧아진 겨울

우리나라의 여름은 조금씩 길어지고, 상대적으로 겨울은 점점 짧아지고 있어.

지구가 전반적으로 따뜻해지면서 우리나라의 평균 기온은 1년 내내 상승하고 있지만, 계절별로 비교해 보면 특정 계절의 기온 상승이 더 심하게 나타나고 있어서 계절 길이에도 변화가 생기고 있지.

우리나라의 계절은 기온에 따라 구분해. 일반적으로 봄은 3~5월, 여름은 6~8월, 가을은 9~11월, 겨울은 12~2월로 3개월씩 나누어 구분하고 있지. 하지만 기온에 따른 계절 구분은 3개월씩 딱 맞게 떨어지지는 않아.

봄	초봄	봄	늦봄
	일평균 기온 5~10℃, 일 최저 기온 0℃ 이상	일평균 기온 10~15℃, 일 최저 기온 5℃ 이상	일평균 기온 15~20℃, 일 최저 기온 10℃ 이상
여름	초여름	한여름	늦여름
	일평균 기온 20~25℃, 일 최고 기온 25℃ 이상	일평균 기온 25℃ 이상, 일 최고 기온 30℃ 이상	일평균 기온 20~25℃, 일 최고 기온 25℃ 이상
가을	초가을	가을	늦가을
	일평균 기온 15~20℃, 일 최저 기온 10℃ 이상	일평균 기온 10~15℃, 일 최저 기온 5℃ 이상	일평균 기온 5~10℃, 일 최저 기온 0℃ 이상
겨울	겨울	한겨울	
	일평균 기온 5℃ 이하, 일 최저 기온 0℃ 이하,	일평균 기온 0℃ 이하, 일 최저 기온 -5℃ 이하	

 기상청에서 발표한 '우리나라 109년(1912~2020년) 기후 변화 분석 보고서'에 따르면 연평균 기온은 10년마다 0.2℃씩 꾸준히 상승해 왔고, 특히 봄과 겨울의 기온 상승이 뚜렷했지. 봄은 10년마다 0.26℃씩 상승해 가장 큰 상승을 보였고, 다음으로 겨울은 0.24℃씩, 가을은 0.17℃씩, 여름은 0.12℃씩 상승했어.

 이렇게 우리나라의 평균 기온이 조금씩 올라가면서 그에 따라 계절 일수에도 차이가 생겼지. 여름은 20일 길어지고 겨울은 22일 짧아졌어. 계절 길이의 변화는 식물의 개화기, 동물의 번식기와 같은 생태계의 주요 활동 시기에 영향을 줄 수 있어.

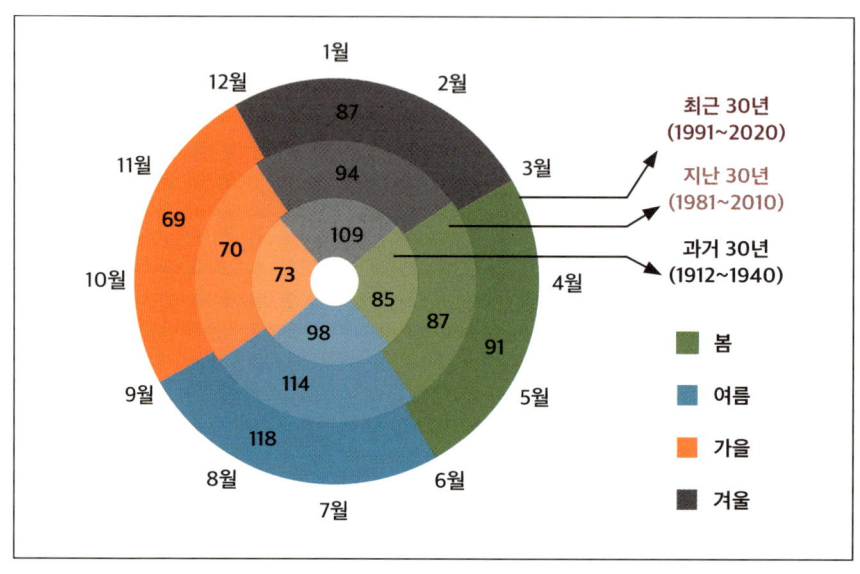

우리나라의 계절 길이 변화

산란 시기가 빨라진 개구리

계절 길이의 변화는 동물의 생태에도 영향을 미치고 있어. 개구리처럼 작은 동물들은 계절 변화에 더욱 민감할 수 있지.

큰산개구리는 일정 기간 따뜻한 온도가 계속된 후 비가 내리면 산란을 시작하기 때문에 기후 변화와 관계가 높은 생물이야. 특히 우리나라 전역에 분포하는 개구리이기 때문에 변화상을 파악하기 쉽고 알 덩어리를 한 장소에서 오랫동안 관찰할 수 있기 때문에 기후 변화에 따른 생태계 모니터링 생물로 많이 활용되지. 그래서 2010년에 우리나라의 '기후 변화 민감 지표종'으로 지정되기도 했어.

2021년에는 큰산개구리가 1월 26일부터 산란을 시작했어. 이것은 첫 관측을 한 2010년 이후 27일이나 빨라진 날짜야. 이렇게 큰산개구리의 첫 산란일이 빨라진 것은 기온 상승이 주된 원인일 거라 짐작해. 관찰 결과 겨울(특히 12월)의 평균 기온이 높을수록 큰산개구리의 산란 시기가 빨라졌기 때문이지.

큰산개구리

큰산개구리의 산란 시기가 변하면 생태계에 큰 피해를 줄 수 있어. 큰산개구리가 따뜻해진 겨울을 봄으로 착각해서 알을 일찍 낳아 활동하다가, 갑자기 온도가 떨어지면 개구리와 개구리의 알이 얼어 죽거든. 이렇게 해서 개구리의 수가 줄면 개구리를 먹이로 하는 파충류에게도 영향을 주게 되어 연이어 생태계에 큰 변화를 가져올 수 있기 때문이야.

얼지 않는 한강

1950~1960년대에는 매년 겨울이면 한강이 꽁꽁 얼어붙었고, 어린이들이 그 위에서 스케이트와 썰매를 타면서 즐거운 겨울을 보내기도 했지. 하지만 지금은 그런 장면을 보기가 어려워졌어. 앞으

얼어붙은 한강 풍경

로 한강에 얼음이 어는 날은 더욱 줄어들 것 같아.

기상청 관측에 따르면 최저 기온이 영하 10℃ 이하인 날이 4~5일 계속되어야 한강에 얼음이 어는데, 최근에는 서울의 겨울철 평균 일 최저 기온이 점점 올라가고 있어서 영하 10℃ 이하인 날이 상대적으로 줄어들고 있거든.

집중 호우 피해의 증가

'극한 강수'는 지구 온난화로 인해 특정 지역에 짧은 시간 동안 비 또는 눈의 양이 정상적인 양을 넘어 집중적으로 내리는 경우를 말해.

 기후 변화는 집중 호우나 폭설 같은 극한 강수의 발생 빈도에 영향을 줄 수 있어. 지구 온난화로 인해 더 따뜻해진 바다는 공기 중으로 증발하는 물의 양을 증가시키지. 그리고 많은 수증기를 포함한 대기가 육지로 이동하거나 폭풍과 만나면 집중 호우나 폭설 등 더 강한 강수로 변할 수 있어.

 집중 호우는 짧은 시간 내에 많은 비가 내리는 현상이야. 1시간에 30mm 이상이나 하루에 80mm 이상의 비가 내릴 때, 연 강수량의 10%에 해당하는 비가 하루에 내릴 때를 의미해. 기상청에서 발표한 '우리나라 109년(1912~2020년) 기후 변화 분석 보고서'에 따르면 강수량은

10년 기준 17.17mm씩 증가한 반면, 강수 일수는 10년 기준 2.73일씩 감소했어. 이것은 많은 양이 짧은 시간에 한꺼번에 내렸다는 것을 의미하지.

이러한 집중 호우의 발생이 늘어나는 것은 홍수가 일어날 가능성을 높인다는 뜻이기도 해. 또 작물에 피해를 입히고 집이나 자동차가 잠기는 등 재산의 피해를 가져올 뿐 아니라 심하면 사람의 생명까지 잃을 수 있어. 게다가 육지에 쌓여 있던 오염 물질이 흘러들어 수질을 손상시킬 수도 있지.

파키스탄 대홍수

2022년 파키스탄은 지난 30년 평균 강우량의 약 3배나 되는 비가 쏟아져 국토의 3분의 1이 물에 잠기는 큰 위기를 맞았어.

파키스탄은 해마다 몬순 우기 때면 큰 피해가 발생하곤 했지만, 2022년에는 기록적인 양의 비가 쏟아진 거야. '몬순'은 대기와 바다의 온도 차이 때문에 발생하는 계절풍인데 비를 몰고 오는 특징이 있지.

7월과 8월 내내 계속 내린 많은 비는 큰 홍수를 일으켰으며, 수많은 이재민을 만들고, 1,200여 명 이상의 목숨을 앗아 갔지. 홍수가 끝난 뒤에도 농작물 피해가 많아서 식량 부족 때문에 많은 사람들이 굶주릴 수밖에 없었어.

우리나라의 기록적인 수도권 집중 호우

우리나라에서도 2022년 8월, 수도권에 내린 집중 호우로 하천이 넘치고, 심각한 인명과 재산 피해가 발생했어. 인구 밀집도가 높은 서울이 물에 잠기면서 주택, 상가, 도로가 침수되어 교통 마비 등 대규모 피해가 생겼거든. 특히 반지하 주택에 사는 사람들을 포함해 서울에서만 8명이 생명을 잃기도 했어.

수도권 집중 호우의 원인은 활성화된 정체 전선이 수도권에 오래 머물렀기 때문이야. 기후 변화로 여름이 길어져 남쪽의 덥고 습한 공기가 한반도에 머무는 기간이 늘어났고, 대기의 수증기 양도 증가해 서울 지역에 최고 시간당 141.5mm의 집중 호우가 발생한 거지. 특히 8월 8일 하루 동안 동작구 신대방동에는 381.5mm의 비가 내렸는데

집중 호우로 침수된 서울

이것은 1907년 우리나라 기상 관측이 시작된 이래 서울에 내린 비로는 가장 많은 양이었어.

　우리나라의 기록적인 집중 호우는 2022년에만 일어난 것이 아니야. 시간당 강우량이 50mm 이상인 날이 1973~1982년에는 연평균 2.4일이었지만 2012~2021년에는 6일로 크게 늘었어. 앞으로도 이렇게 집중 호우가 계속될 수 있기 때문에 우리는 어떻게 대처해야 할지 대책을 마련해야 해.

폭염이 위험한 이유

지구의 기온이 전반적으로 따뜻해짐에 따라 비정상적으로 더운 폭염이 전 세계적으로 더 자주 나타나고 있어. 폭염은 매우 심한 더위가 여러 날 계속되는 것을 말해.

우리나라도 마찬가지야. 평균 기온이 오르고 폭염 일수가 증가하고 있지. 실제 우리나라의 경우 과거 48년간(1973~2020년) 폭염 일수는 점차 늘어난 반면, 매우 심한 추위인 한파 일수는 점차 줄고 있어. 폭염 일수는 1년 중 일 최고 기온이 33℃ 이상인 날인데, 과거 48년간 10.2일에서 최근 5년(2016~2020년)에는 17.4일로 크게 늘었어. 한파 일수는 1년 중 일 최저 기온이 영하 12℃ 이하인 날인데, 과거 48년간 8.1일에서 최근 5년에는 6.1일로 줄었지.

폭염에 의한 건강 피해는 나이나 기저 질환, 지역 등에 따라 차이가 있어. 폭염에 오래 노출되면 급성 질환인 '온열 질환'이 발생할 수 있어. 온열 질환은 머리가 아프고, 어지러움을 느끼거나, 근육에 경련이 일어나고 피로감을 느끼며 의식이 흐릿해지는 증상이지. 하지만 더욱 위험한 것은 열사병과 열 탈진이야.

- **열사병**: 체온을 조절하는 신경계(체온 조절 중추)가 외부의 열 자극을 견디지 못해 그 기능을 상실한 질환인데, 의식 장애와 고열이 발생하며, 신속한 조치를 취하지 않으면 사망에 이를 수 있음.

- **열 탈진**: 땀을 많이 흘려 몸에 수분과 염분이 적절히 공급되지 못하는 경우 발생하는 질환인데, 체온은 크게 상승되지 않으나 탈수 및 전해질 소실로 힘이 없고 극심한 피로를 느낄 수 있음.

또 폭염은 자외선 강도가 높아 피부 화상을 입을 수 있으며, 눈이 충혈되고 아픈 광각막염이 생길 수 있어. 그리고 더운 날씨 때문에 병원성 미생물의 증식이 활발해져 설사를 일으키는 수인성 질병이나 식품 매개 감염병이 나타날 수 있지.

무엇보다 노인, 어린이, 만성 질환자 등의 취약 계층은 폭염으로 목숨까지 잃을 수 있으므로 더욱 주의가 필요해. 노인은 땀샘이 줄어들어 땀 배출이 적고 체온이 잘 조절되지 않거든. 어린이도 성인보다 체온 조절 기능이 충분히 발달되어 있지 않아 땀이 덜 나고 열 배출이 어려워 온열 질환에 취약하지. 심뇌혈관 질환자, 저혈압 또는 고혈압 환자, 당뇨병 환자 등 만성 질환을 앓고 있는 경우에는 더위 때문에 증상이 악화될 수 있어 더욱 주의가 필요해.

행정안전부가 발표한 '2020 재해연보'에 따르면 우리나라에서 최근 3년간(2018~2020년) 폭염 때문에 사망한 사람이 107명이나 돼. 이 숫자는 같은 기간 태풍(22명)이나 비(46명) 때문에 사망한 사람을 합친 것보다 1.5배가량 많아.

기후 변화는 어떻게 막을 수 있을까?

에너지의
효율적인 사용

집에 있는 텔레비전, 컴퓨터, 냉장고 등 전자 제품을 사용하기 위해서는 에너지가 필요해. 에너지란 물체를 움직이게 하거나 어떤 변화를 주는 힘을 말하지. 에너지는 석탄, 석유 등과 같은 화석 연료를 이용해서 만들어. 많은 에너지를 만들기 위해서는 그만큼의 많은 화석 연료가 필요해. 즉, 에너지를 많이 사용하려면 화석 연료를 그만큼 태울 수밖에 없기 때문에 에너지를 아껴 써야 하는 거야.

에너지 절약은 우리의 일상생활 속 작은 실천만으로도 가능해. 사용하지 않는 전등은 반드시 끄고, 낮에는 되도록 자연광을 이용하는 것이 좋지.

텔레비전이나 컴퓨터 등 전자 제품의 플러그를 콘센트에 꽂아 두는 것만으로 상당한 양의 에너지가 새어 나갈 수 있어. 휴대 전화를 충

공짜 햇살 전등
이용하기

쓰지 않는
전기 플러그
뽑아 두기

대기 전력
줄이기

스위치가 달린
멀티탭
사용하기

에너지소비효율
1등급 제품
사용하기

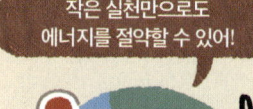

작은 실천만으로도
에너지를 절약할 수 있어!

전하고 있지 않더라도 충전기가 콘센트에 꽂혀 있으면 에너지가 소비되지. 텔레비전, 전기 주전자, 가습기, 공기청정기 등 전자 제품의 플러그는 사용하지 않을 때나 외출할 때 꼭 뽑아 두어야 해. 수많은 플러그를 일일이 뽑기 불편하다면 스위치가 달린 멀티탭 콘센트를 사용하는 것도 좋지.

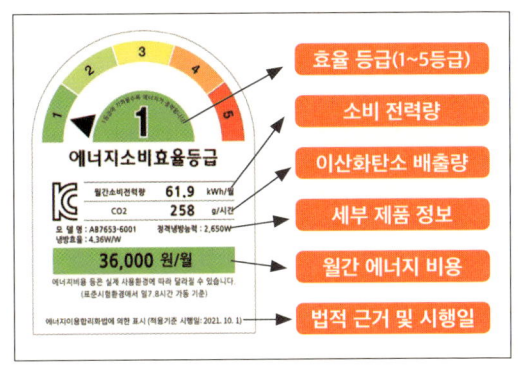

에너지소비효율등급 표시 정보

그리고 냉장고, 에어컨과 같은 전자 제품에 등급이 있다는 것을 알고 있니? 집에 있는 전자 제품에는 모두 '에너지소비효율등급'이라는 딱지가 붙어 있을 거야. 에너지소비효율등급은 1등급부터 5등급까지 있는데, 1등급에 가까울수록 에너지가 절약되는 제품이야. 에너지소비효율등급은 에너지소비효율과 함께 제품을 1시간 사용할 때 이산화탄소를 얼마나 배출하는지, 월간 또는 연간 에너지 비용은 어떻게 되는지를 꼼꼼히 따져서 표시되어 있어. 그러니까 되도록이면 1등급 제품을 구입하는 것이 에너지를 적게 사용하고, 전기료도 줄이고, 온실가스도 줄일 수 있단다.

재생 에너지 사용

에너지를 만들 때 생기는 온실가스 배출량을 줄이려면 태양 에너지나 풍력 에너지와 같은 재생 에너지를 이용하는 것이 좋아. 재생 에너지는 햇빛, 물, 지열, 강수, 생물 유기체처럼 재생 가능한 자원을 이용해 에너지를 만드는 것을 의미해. 대표적으로 태양광 에너지, 풍력 에너지, 지열 에너지, 수력 에너지, 해양 에너지를 들 수 있지.

태양광 에너지	태양광 모듈을 이용해 빛 에너지를 전환해 얻는 에너지. 일정 진동수 이상의 빛을 비춰 나타나는 광전 효과에서 에너지를 모아 전기를 생산한다.
풍력 에너지	풍력 발전기를 이용해 바람의 힘을 회전력으로 전환시켜 얻는 에너지. 풍력 발전기의 설치 위치에 따라 육상 풍력과 해상 풍력으로 구분한다. 해상 풍력은 바람이 많은 먼바다에 설치할 수 있어 소음 걱정이 없고 발전량도 많다.
지열 에너지	일정한 온도를 유지하는 땅이 가지고 있는 태양 복사열이나 지구 내부의 마그마가 가진 열에서 얻는 에너지. 태양광 에너지, 풍력 에너지와 달리 기후의 변화에 영향을 받지 않아 24시간 발전이 가능하다.
수력 에너지	물이 떨어지거나 압력에 의해 생기는 힘을 이용해서 얻는 에너지. 연평균 강수량이 풍부하고 산악 지대가 많은 우리나라는 수력 에너지를 생산하기에 좋다.
해양 에너지	해양의 조수(밀물과 썰물 간의 물 깊이 차이), 파도(파도가 칠 때 바닷물의 위아래 움직임), 온도차, 해류 등 다양한 방법을 이용해 에너지를 얻을 수 있다.

이러한 재생 에너지는 언젠가 사라질 화석 연료와 달리 끝없이 에너지 공급을 할 수 있어. 그리고 발전소에서 화석 연료를 태우는 것과는 달리, 온실가스가 적게 나오거나 전혀 나오지 않아.

이제는 우리가 가진 에너지를 보다 현명하고 효율적으로 사용해야 할 뿐 아니라, 깨끗하고 재생 가능하며 환경 피해를 덜 주는 에너지원에 관심을 가져야 할 때야. 재생 에너지를 사용하면 온실가스 배출량을 줄일 수 있을 뿐만 아니라 다른 나라로부터의 석탄, 석유, 가스 등을 수입하지 않아도 되기 때문에 우리나라에도 큰 이익이지.

너와 나의
탄소 발자국

자동차 연료인 가솔린(휘발유)과 디젤(경유)과 같은 화석 연료를 태우면 이산화탄소 등 온실가스가 대기 중으로 방출돼. 이렇게 교통수단 이용에 따른 온실가스 배출량은 우리나라 총 온실가스 배출량의 14.4%를 차지할 정도로 기후 변화를 일으키는 주범이야.

혹시 '탄소 발자국'에 대해 들어 본 적 있니? 탄소 발자국은 개인의 일상생활이나 기업이 제품을 생산하거나 소비하는 과정에서 발생한 온실가스를 이산화탄소 발생량으로 나타내 계산한 총량을 말해. 1km를 가려고 할 때 각각의 교통수단에 따른 탄소 배출량을 비교해 보면 다음과 같아.

교통수단	탄소 배출량	교통수단	탄소 배출량
승용차	210g	지하철	1.53g
버스	27.7g	자전거	0g

탄소 배출량을 알고 나면 가까운 거리는 걷거나 자전거를 타고, 먼 거리는 지하철이나 버스를 이용하는 게 좋겠다는 생각이 들지? 특히 혼자서 타는 승용차보다는 여러 사람이 같이 이용할 수 있는 버스나 지하철, 기차 등 대중교통을 이용하는 것이 좋아.

많은 사람들이 대중교통을 이용하면 탄소 배출도 줄고, 길도 막히지 않아서 에너지도 아끼고, 원하는 장소에 빨리 도착할 수 있을 거야.

친환경 자동차

우리 모두가 삶의 방식을 바꾸지 않고서는 기후 변화를 해결할 수 없어. 그런 노력 중 하나가 최근 개발되고 있는 '친환경 자동차'야. 화석 연료를 사용하던 자동차를 친환경 자동차로 바꾸어 나감으로써 기후 변화를 해결할 수 있을 거야.

친환경 자동차는 에너지 소비 효율이 우수하고 공해가 없거나 적은 자동차를 의미해. 대표적으로 전기차와 수소차가 있지. 전기차는 배터리에 축적된 전기로 동력을 얻고, 수소차는 수소와 공기 중의 산소를 반응시켜 만든 전기로 동력을 얻는 거야. 친환경 자동차는 모두 엔진

이 없고 달릴 때 화석 연료를 사용하지 않아.

　우리나라는 지난 2021년에 탄소 중립 실현을 위해 '2030년 한국형 무공해차 전환 100%'를 선언했어. 이 선언에 따라 2030년까지 우리나라의 대표적인 기업들은 가지고 있던 차량을 전기차, 수소차로 바꾸어 나갈 예정이야.

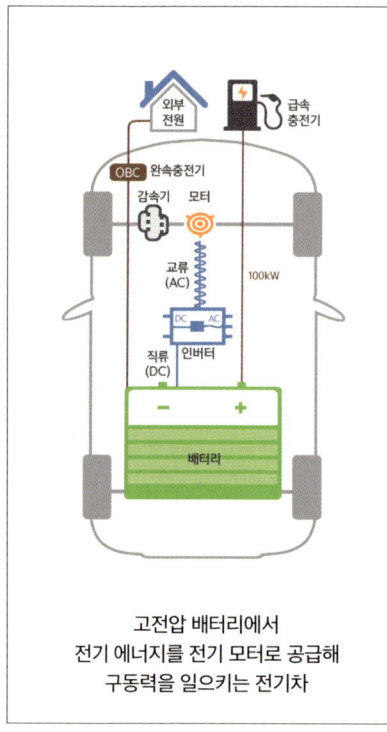 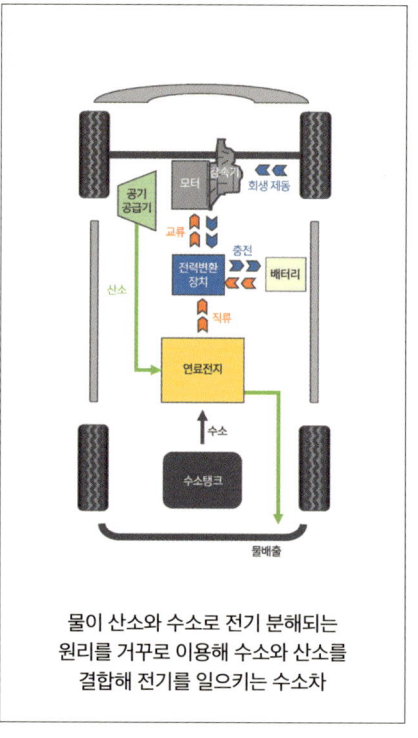

전기차(좌)와 수소차(우)의 구성 및 작동 원리

나무와 숲이 소중한 이유

우리가 편하게 쓰는 종이는 어떻게 만들어질까? 종이는 나무를 원료로 하여 복잡한 과정을 거쳐 만들어져. 나무는 온실가스를 빨아들일 뿐 아니라 대기의 온도를 조절하고, 우리에게 그늘을 주며, 싱그러운 기분도 안겨 주는 고마운 존재지. 광합성을 하는 나무가 많으면 많을수록 공기 중에 배출된 이산화탄소의 양을 줄일 수 있기 때문에 종이를 아껴 쓰는 것도 기후 변화를 줄이는 방법 중 하나야.

여러분이 대부분의 시간을 보내는 학교는 많은 양의 종이를 사용하는 곳이지. 공책을 쓸 때는 마지막 장까지 사용하고, 사용하고 남은 색종이 같은 미술 재료는 보관했다가 필요할 때 다시 사용해야 해. 급식 시간에 나오는 우유팩은 재활용할 수 있도록 꼭 분리 배출해야 하고. 또 화장실에서 많이 사용하는 손을 닦는 종이 타월은 만들 때 나무

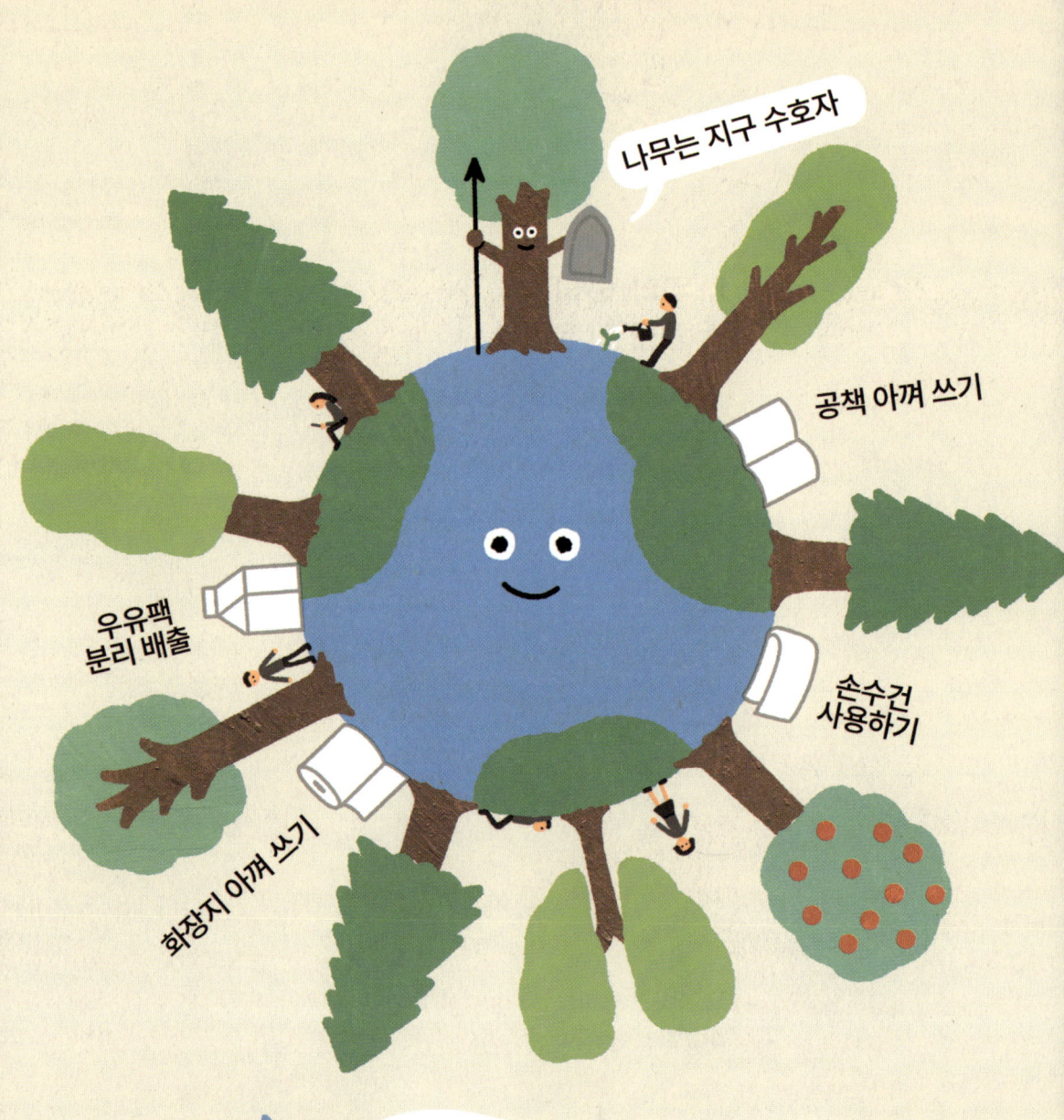

도 많이 들어갈 뿐 아니라 많은 물이 필요해. 종이 타월 대신 손수건을 사용하면 나무도 살리고, 온실가스도 줄일 수 있을 거야. 이러한 작은 행동들이 하찮게 보일 수 있겠지만, 모두 한마음으로 행동한다면 지구에 큰 보탬이 될 수 있어.

이산화탄소를 흡수하는 숲

숲은 온실가스인 이산화탄소를 흡수하는 좋은 흡수원이야. 나무를 많이 심어 공기 중의 이산화탄소를 줄이면, 지구의 온도를 낮추고 자연환경을 지킬 수 있어. 하지만 우리나라의 숲이 매년 흡수하는 이산화탄소의 양은 줄어들고 있어. 2019년 기준, 탄소 흡수량은 4323만 톤이야. 2008년에 가장 많은 6150만 톤을 기록한 이후 꾸준히 줄어들고 있어. 도로를 내기 위해 산을 깎고, 목재를 이용하기 위해 나무를 베면서 숲이 줄었기 때문이지.

그 결과 기후 변화를 일으킨 것은 물론, 동물의 서식지를 파괴하고 땅의 빗물 흡수력이 떨어져 홍수의 위험도 높아졌지. 산림청에서는 세계 온실가스 배출량의 17.4%가 산림 파괴에서 비롯되었다고 보고 있어.

탄소 흡수량을 늘리려면 우리는 나무를 많이 심고 숲을 잘 가꾸기 위해 노력해야 해. 숲은 다양한 곤충, 동물 및 조류가 살아가는 중요한 서식지이면서, 광합성을 통해 대기 중 온실가스를 흡수하는 곳이거든.

재활용을
부탁해

우리는 하루를 살면서 수많은 쓰레기를 만들어 내. 먹고 남은 과자 봉지, 택배 박스, 다 쓴 공책, 마음에 들지 않아 버린 바지, 망가진 게임기…… 이렇게 생겨난 쓰레기는 땅에 묻거나 태워야 하는데, 이때도 온실가스가 발생할 수밖에 없어. 그러니까 버리는 쓰레기의 양을 줄이면 온실가스의 발생을 줄일 수 있지.

물건은 살 때도 중요하지만 버릴 때가 더 중요해. 그리고 최대한 재활용하는 것이 좋아. 오랫동안 사용하지 않은 장난감과 책들이 나에게는 불필요한 쓰레기지만 누군가에게는 보물이 될 수 있어. 무조건 버리기보다는 의미 있는 곳에 기증하거나 이웃에게 주는 것도 방법이야. 쪽지에 '가져가세요.'라고 써서 문 앞에 두는 것도 좋지.

그리고 재활용이 가능한 폐기물은 반드시 분리 배출을 해야 해. 분

리 배출은 재활용이나 폐기 처리가 쉽도록 내용물과 재질에 따라 나누어 버리는 거야. 분리 배출을 하면 재활용률이 높아지기 때문에 온실가스의 발생을 줄일 수 있어. 하지만 제대로 분리해서 버리지 않으면 재활용 폐기물은 결국 태우거나 땅에 묻혀 많은 양의 온실가스를 발생시키게 돼.

또 음식을 남기지 않는 것도 하나뿐인 지구를 지키는 위대한 실천이야. 현재 음식물의 7분의 1이 버려지고 있다고 해. 무엇보다 음식물 쓰레기는 쓰레기 중에서도 가장 처리하기가 곤란하지. 집에서는 딱 필요한 만큼만 조리하고, 음식점에서도 딱 먹을 만큼만 주문하는 식습관을 가져야 해. 혹시 음식을 자주 남긴다면, 작은 용기를 가지고 다니면서 담아 오는 것도 방법이야.

친환경 제품 사용

우리는 대부분 쓰레기 재활용을 위해 분리 배출을 실천하고 있어. 하지만 기후 변화 해결을 위해서는 한 사람 한 사람의 노력도 중요하지만 법적·제도적인 뒷받침도 필요해.

현재 재활용되는 폐기물의 양은 증가하고 있지만, 여전히 매립지를 통해 많은 쓰레기가 묻히고 있어. 특히 최근에는 택배와 음식 배달이 늘어나면서 재활용이 안 되는 일회용품 쓰레기가 크게 증가했지.

근본적으로는 폐기물이 발생하지 않도록 해야 하지만, 어쩔 수 없이 생긴 폐기물은 최대한 재활용하는 것이 중요해. 이를 위해 정부나 지

자체에서는 더 재활용하기 쉽고, 오래 사용할 수 있는 친환경 제품을 만들도록 지원하고 사람들이 이를 많이 사용할 수 있도록 권장하고 있어.

친환경 제품이란 제조와 소비, 폐기하는 전 과정에서 폐기물 등 오염 물질의 발생을 최소화한 제품을 말해. 같은 용도의 다른 제품에 비해 생산 과정에서 재생 원료를 더 많이 사용하거나 폐기 후에 재활용률을 높이는 등 환경성이 개선된 제품이지.

친환경 제품에 붙어 있는 표시

전 세계가 함께 고민하는 기후 변화

한때는 기후 변화의 원인이 인간에게 있는 것이 아니라 자연스러운 현상이라는 의견도 있었어. 하지만 지금은 여러 가지 자료를 통해 기후 변화가 인간의 활동으로 시작되었다는 것이 자명한 사실로 받아들여지고 있어.

다행스럽게도 국제 사회는 기후 변화 문제의 심각성을 인식하고 함께 해결하기 위해 약속(협약)을 했지. 1992년 '유엔 기후 변화 협약'을 채택한 이후 장기적인 목표로 산업화 이전과 비교해 지구 온도 상승을 억제하기 위한 논의가 지속적으로 이루어져 왔어. 이후 선진국에 의무를 부여하는 1997년 '교토 의정서'에 이어 선진국과 개발 도상국이 모두 참여하는 2015년 '파리 협정'을 채택해 전 지구가 온실가스 감축에 나서고 있어.

1992년	유엔 기후 변화 협약 채택(1994년 발효)
1995년	유엔 기후 변화 협약 당사국총회(COP) 개최(~현재)
1997년	교토 의정서 채택(2005년 발효)
2008년	교토 의정서 제1차 공약 기간(2008~2012)
2013년	교토 의정서 제2차 공약 기간(2013~2020)
2015년	파리 협정 채택(2016년 발효)
2020년	우리나라 포함, 탄소 중립 선언 국가 증가
2021년	파리 협정 이행(종료 시점 미설정)

교토 의정서

'교토 의정서'는 온실가스 감축 목표에 관한 의정서를 말해. 국제 사회는 1992년 유엔 기후 변화 협약 이후 교토 의정서를 채택해 영국, 프랑스, 독일 등 주요 선진국에 대한 법적 구속력 있는 온실가스 감축 의무를 부여했어. 참고로 우리나라는 교토 의정서 발표 당시에는 개발 도상국이었기 때문에 온실가스 감축 의무가 없었어.

교토 의정서는 말만 앞세우는 것이 아니라, 화석 연료의 사용을 줄여서 온실가스 감축을 유도하는 구체적 방법을 마련했다는 데 큰 의의가 있어. 대표적으로 배출권 거래제, 공동 이행제, 청정 개발 체제를 들 수 있으며, 이들을 '교토 메커니즘'이라고 해. 즉, 교토 의정서에서는 자국 내에서만 온실가스 감축 의무를 모두 이행하기에는 한계가 있음을 인정하고, 탄소 배출권의 거래나 개발 도상국과의 공동 사업을 통해 감축분을 이전하는 등 유연한 운영 수단인 교토 메커니즘을 채택한 거지. 각각의 의미는 다음과 같아.

- **배출권 거래제:** 온실가스 감축 의무가 있는 나라들끼리 남거나 부족한 배출권을 사고팔 수 있도록 하는 제도
- **공동 이행제:** 온실가스 감축 의무가 있는 나라가 다른 감축 의무 국가의 온실가스 감축 사업에 투자해서 생긴 감축분을 그 나라의 감축분에 포함할 수 있도록 하는 제도
- **청정 개발 체제:** 온실가스 감축 의무가 있는 나라가 개발 도상국의 온실가스 감축 사업을 통해 그 나라에 할당된 감축 의무 일부를 상쇄하는 제도

파리 협정

파리 협정은 2020년에 만료된 교토 의정서를 대체하는 새로운 기후 변화 협정이야. 교토 의정서가 주요 선진국에 한해 온실가스의 감축 의무를 부여한 반면, 파리 협정은 선진국뿐 아니라 개발 도상국 등 협약 참가국이 모두 온실가스 배출량을 줄이기로 협약을 체결한 거지.

이로써 우리나라를 포함한 193개국이 파리 협정에 참여하게 되었고, 산업화 이전 대비 지구 평균 온도의 상승을 2℃보다 아래로 유지하고 더 나아가 1.5℃로 억제하는 것을 목표로 하여 전 지구적으로 온실가스 감축에 나서게 되었어.

교토 의정서의 교토 메커니즘처럼 파리 협정의 성격을 가장 잘 나타

파리 협정

★ **온실가스 감축**

지구평균 온도 상승 2°C 아래로 유지

1.5°C 억제 목표

193 개국 참여

파리 협정 로고

내 주는 것은 '국가 결정 기여(Nationally Determined Contribution, NDC)'야. NDC는 파리 협정의 장기 온도 목표 달성을 위해 각국이 스스로 결정해 제출한 기후 변화 대응 및 온실가스 감축 목표를 말하지. 기존의 교토 의정서와 달리 모든 당사국이 함께하는 체제를 만들고자 하다 보니 감축 목표를 일방적으로 부여하지 못하고, 목표 설정에서 자율성을 보장하기 위해 강제력이 약한 '기여(contribution)'라는 단어를 사용하게 되었어. 다만, 파리 협정의 목표 달성을 위해 시간이 지나면서 목표 수준을 강화하기로 했지.

무엇보다 파리 협정에서는 5년 단위로 협정 전반에 대한 국제 사회 공동 차원의 '전 지구적 이행 점검(global stocktake, GST)'을 도입했어. GST는 개별 참가국의 노력을 종합해 전 세계가 파리 협정 목표 달성 경로를 얼마나 성실히 이행하고 있는지 살펴보는 체계야. 이렇게 되면 협약이 잘 지켜지는지 투명하게 살펴볼 수 있지.

교토 의정서와 파리 협정 비교		
구분	교토 의정서	파리 협정
목표	온실가스 배출량 감축 (1차: 평균 5.2%, 2차: 평균 18%)	산업화 이전 대비 지구 평균 온도 상승을 2℃보다 현저히 낮은 수준으로 유지 (1.5℃ 상승 억제 노력)
감축 의무 국가	선진국 위주	협약 참가국 모두
목표 설정 방식	하향식	상향식
범위	온실가스 배출량 감축	온실가스 감축만이 아니라 기후 변화 적응, 재원, 기술 이전, 역량 배양 등 포함

탄소 중립이란?

'탄소 중립'은 대기 중 이산화탄소 양의 증가를 막기 위해 인간 활동에 의한 배출량을 최대한 줄이고 흡수량은 늘려서 순배출량이 0이 되는 것을 말해. '넷제로(Net-Zero)' 또는 '탈탄소'라고 부르지. 이산화탄소 배출량과 이산화탄소 흡수량이 균형을 이룰 때 탄소 중립이 달성되는 거야.

이산화탄소 증가량 = 배출량 - 흡수량

화석 연료 연소 등으로 인한 배출량과 해양 및 생물에 의한 흡수량 등이 같아지면 대기 중 이산화탄소 증가량이 0이 되는 거야. 인위적 배출량이 자연 흡수량보다 많아지면 대기 중 이산화탄소의 양은 증가하게 되지.

국제 사회는 기후 변화에 대응하기 위해 파리 협정에서 산업화 이전 대비 상승한 지구 평균 기온을 2℃보다 상당히 낮은 수준으로 유지하는 것을 목표로 하고, 1.5℃ 이하로 제한하기 위해 2050년까지 전 지구적으로 탄소 중립을 달성할 것을 제시했지. 이에 따라 탄소 중립을 선언하고 지지한 나라는 모두 134개국이야. 이와 함께 주요 선진국에서는 '탄소 국경세'를 도입하는 등 국제 경제와 무역 환경도 함께 변하고 있어.

무엇보다 자랑스러운 것은 우리나라도 '기후위기 대응을 위한 탄소중립·녹색성장 기본법'(약칭: 탄소중립기본법)을 새롭게 마련하고 2050년까지 탄소 중립을 달성하는 것을 국가 비전으로 명시했다는 점이야. 전 세계에서 열네 번째로 탄소 중립을 법으로 만든 거지. 탄소중립기본법은 '2050 탄소 중립' 달성을 위한 법적 기반이기도 하고, 2050 탄소 중립 비전과 이행 체계를 법제화했다는 점에서 큰 의의가 있어.

새롭게 도입된 탄소 중립 정책 수단
이에 따라 우리나라는 탄소 중립을 이행하기 위한 실질적인 정책 수단을 새롭게 도입했어. 대표적인 사례가 기후 변화 영향 평가 제도, 온실가스 감축 인지 예산 제도, 기후 대응 기금이야.

- **기후 변화 영향 평가 제도:** 온실가스를 많이 배출할 가능성이 큰

산업(에너지 개발 등)에는 온실가스 감축 방안을 마련하도록 하고, 기후 변화를 일으킬 가능성이 큰 산업(수자원, 항만 등) 개발 시 기후 변화의 영향 분석과 취약성, 위험성 평가를 기반으로 기후 위기 적응 방안을 수립하도록 하는 제도
- **온실가스 감축 인지 예산 제도**: 정부의 예산과 기금 편성, 결산 절차 과정에서 사업별 온실가스 감축 목표 설정, 이행 실적 점검 등을 통해 감축 효과가 높은 사업에 우선 투자해 정부 예산 사업의 온실가스 감축 기여도를 높이기 위한 제도
- **기후 대응 기금**: 탄소 중립 사업의 효율성을 높이고, 온실가스 감축 사업과 저탄소 분야 유망 기업의 육성, 인력 양성 등 탄소 중립 전환을 위해 마련된 기금

이외에 탄소 중립 추진 과정에서 피해를 입을 수 있는 산업과 지역, 소상공인과 노동자를 보호하기 위해 지역 경제 대책, 고용 안전 마련 등 정책적 수단도 마련했지. 또 국민들이 탄소 중립 생활을 실천할 수 있도록 전자 영수증, 무공해차 대여, 다회용기 사용 등의 활동에 대해 지원하는 '탄소 중립 실천 포인트제'도 운영 중이야.

부록

기후 변화
용어 설명

앞에서 다루었지만 설명이 더 필요하거나 지구의 기후 변화에 대해 깊게 알고 싶은 독자들을 위해 반드시 알아야 할 기후 변화 용어를 한 번 더 정리해 봤어.

1장
지구 온난화

　화석 연료의 연소, 산림 훼손 등으로 대기 중 온실가스 농도가 높아지면서 온실 효과가 증가해 발생하는 현상을 말해. 기후 변화라는 용어와 때때로 함께 사용되지만 차이가 있어. 지구 온난화는 최근 발생하고 있는 지구의 온도 상승을 나타내며, 기후 변화의 한 가지 특징

일 뿐이야. 반면 기후 변화는 지구 온난화가 지구의 기후에 미치는 다양한 영향을 나타내. 여기에는 해수면 상승, 녹아내리는 빙하, 변화하는 강우 현상, 극심한 날씨의 증가, 계절의 변화 및 작물 수확량 변화가 포함되지.

화석 연료

지각에 파묻힌 동식물의 유해가 오랜 세월에 걸쳐 화석화되어 만들어진 연료야. 석탄, 석유, 천연가스 등이며, 오늘날 인류가 이용하고 있는 에너지의 대부분이 이에 해당하지.

대기

지구를 둘러싸고 있는 기체를 말해. 대기는 거의 대부분 질소와 산소로 대부분 구성되어 있고, 그 외 온실가스, 오존 등 수많은 미량 가스와 수증기를 함유하고 있어. 화학 조성과 고도에 따른 온도에 의해 대류권, 성층권, 중간권, 열권으로 구분되지.

지구 복사

지구는 태양으로부터 받은 만큼의 에너지를 우주로 방출하는데 이것을 지구 복사라고 해. 태양 복사가 '단파 복사'인 반면 지구 복사는 '장파 복사'야. 주로 적외선이며, 지표면과 대기에서 발생하지.

지구 온난화 지수

지구 온난화 지수(Global Warming Potential, GWP)는 온실가스별 지구 온난화 기여 정도를 나타내는 수치인데, 이산화탄소를 기준으로 표시해. GWP는 이산화탄소 1kg과 비교해 같은 양의 온실가스가 대기 중에 방출된 후 일정 기간(보통 100년) 지속되는 상대적 온난화 효과를 의미해.

2장

수소 이온 지수

용액의 산성, 염기성을 나타내는 척도를 의미해. 수소 이온 지수(pH, Potential Hydrogen)는 0에서 14까지 있으며, 산성이면 pH는 7보다 작고, 염기성이면 7보다 크지. 산은 물에 녹아 수소 이온(H^+)을 내는 물질이고, 염기는 수산화 이온(OH^-)을 내는 물질을 말해.

먹이 사슬

생태계 내에서 생물적 요소들 사이에서 이루어지는 먹고 먹히는 관계를 순서대로 나열한 거야. 먹이 사슬은 생태계의 급격한 변화를 막아 내는 조절 작용에 중요한 역할을 하지. 예를 들어, 생태계에서 어떤 생물의 수가 갑자기 늘어나면, 그 생물의 먹이가 줄어들고 천적이 증가하게 돼. 이처럼 생태계는 늘어난 생물의 수를 자체적 조절 작용에 의해 원래의 상태로 되돌려서 평형을 유지하지.

바다 숲

바다 숲은 바다 밑의 큰 해조류나 해초류가 무리 지어 살고 있는 해역을 의미해. 해초류가 번식해 자라난 모습을 육지의 숲에 비유해 붙인 이름이지. 바다 숲은 해양 생물의 산란장, 은신처 등을 제공하고 이산화탄소를 흡수하는 소중한 자원이야.

부영양화

부영양화는 영양물질이 풍부하게 공급되었다는 뜻이야. 강이나 호수, 바다에 질소, 인과 같은 영양 염류가 풍부해진 것을 의미하지. 부영양화가 일어나면 질소와 인을 먹고 사는 식물 플랑크톤이 많이 늘어나게 돼. 바닷물은 붉은색으로, 하천은 녹색으로 변하게 되지.

3장

광합성

식물이 태양 에너지를 받아 물과 이산화탄소를 이용해 전분이나 당 등 유기물(동물의 먹을거리)을 합성하고, 대기 중으로 산소를 배출하는 현상을 말해. 광합성의 속도는 빛의 세기, 이산화탄소의 농도, 날씨 조건(온도 등)에 따라 다를 수 있어.

외래 해충

외국이 원산지이면서 국내로 인위적으로 또는 우연히 들어온 해충을 외래 해충이라고 해. 외래 해충은 새롭게 들어온 지역에서 천적 등의 영향에 자유롭고 또한 이들에 대해 방어 능력이 없는 식물을 공격하며 생태계를 교란시키지.

4장
플랑크톤

수중 생물을 생태적으로 구분한 한 무리로서 물결에 따라 떠다녀서 '부유 생물'이라고 해. 식물 플랑크톤과 동물 플랑크톤으로 크게 나뉘는데, 보통 식물 플랑크톤 쪽이 양이 많아. 어류 등의 먹이가 되며 생태계 먹이 사슬에서 맨 아래 부분을 차지하는 중요한 존재야.

조류

수중에서 서식하며 광합성으로 독립적인 영양 생활을 하는 하등 식물을 통틀어 부르는 말이야. 남조류, 규조류처럼 식물 플랑크톤이라 불리는 미소한 단세포성의 조류에서 다시마, 미역 같은 다세포성의 대형 조류까지 모두 포함되지.

5장
극한 기후

가뭄, 홍수, 한파, 폭염 등 통계적으로 상위 또는 하위 5%에 해당하는 기후 현상을 말해. 극한 기후 현상은 크게 '이상 기상'과 '이상 기후'로 구분할 수 있어. 이상 기상은 가뭄, 집중 호우, 홍수, 폭염, 한파 등 과거에 경험한 기상 상태와 크게 차이가 나는 것을 말하며, 이상 기후는 평년값에 비해 현저히 높거나 낮은 수치가 나타나는 것을 의미해.

열대야

야간의 최저 기온이 25℃ 이상인 무더운 밤을 말해. 특히 도시에서는 낮에 가열된 도로와 콘크리트가 밤에 방출하는 복사 에너지, 자동차의 배기열 등으로 열대야 현상이 더 잘 나타나지.

한파

짧은 시간에 기온이 급강하는 현상이야. 보통 영하 12℃ 이하로 내려가고 한낮의 기온도 영하인 경우지. 주로 시베리아의 한랭한 공기가 우리나라로 확장하면서 발생해.

태풍

북태평양 서남부에서 발생해 아시아 대륙 동부로 불어오는 열대 저기압이야. 최대 풍속이 초속 17m 이상 되는 비바람을 말해.

기후 변화로 해양이 따뜻해지면 증발하는 물 분자가 많아져 태풍 발생 빈도가 증가하지. 태풍은 강수량이 부족한 곳에 비를 내려 생태계를 유지하게도 하지만, 태풍이 한 번 지나가면 인명 피해와 재산 피해가 크게 발생하기도 해.

6장

RE100

RE100은 기업이 필요한 전력을 2050년까지 모두 재생 에너지 전력으로 구매 또는 자가 생산으로 조달하겠다는 자발적 캠페인이야. '재생 에너지(Renewable Energy) 100%'의 약어지. RE100은 영국에서 시작되어, 현재는 해외뿐만 아니라 우리나라의 많은 기업들도 RE100에 참여하고 있어.

탄소 흡수원

탄소를 흡수하고 저장하는 나무, 고사 유기물, 토양, 목제품 등을 말해. 온실가스 감축이 중요한 과제로 떠오른 요즘, 나무는 가장 중요한 탄소 흡수원으로 주목받고 있지.

쓰레기 매립

쓰레기를 일정한 높이로 쌓아 다진 후 그 위에 흙을 덮어 추가 오염을 막는 것을 말해. 지하수 및 토양 오염 방지를 위해 쓰레기 썩는 물을 모아서 처리하는 시설과 쓰레기가 썩을 때 생기는 메테인 등 매립가스를 모아서 처리하는 가스 처리 시설 등을 갖추어 매립 후 토지 활용이 가능토록 하고 있지.

기후 변화 협약 (UNFCCC)

정식 명칭은 '기후 변화에 관한 유엔 기본 협약'으로 지구 온난화 방지를 위해 대기 중 온실가스의 농도를 안정화하는 것을 목적으로 한 협약이야. 1992년 브라질에서 개최된 유엔환경회의에서 채택되었어. 협약 발효 이후 1995년부터 매해 협약 최고의 의사 결정 기구인 당사국 총회(COP)가 개최되고 있지.

기후 변화에 관한 정부 간 협의체(IPCC)

기후 변화를 과학적으로 규명하기 위해 세계 기상 기구(WMO)와 유엔 환경 계획(UNEP)이 1988년에 공동으로 설립한 국제 기구야. 전 세계에서 기후 변화에 대한 과학적 근거로 활용되는 평가 보고서를 주기적으로 발간하고 있어.

작가의 말

일상 속 작은 실천으로
건강한 지구를 만들자

기후 변화의 뚜렷한 징후는 전 세계 곳곳에서 나타나는 중이야. 심지어 지구에 사는 동물과 식물의 서식지가 파괴되고, 인간의 생존까지 위협을 하고 있지. 최근 기후 변화에 대한 소식은 점점 더 심각해지고, 어떻게 변할지 모르는 미래 때문에 불안하기도 해.

 기후 변화라는 말이 무섭게 들릴 수 있지만, 우리가 새로운 세상을 찾기에 아직 늦지는 않았어. 지구의 변화를 원한다면 국제 사회, 정부, 기업 그리고 우리 모두가 함께 노력해야 해.

 이를 위해 우리가 생각해 봐야 할 두 가지가 있어.

 첫 번째는 기후 변화의 원인이 되는 온실가스 배출을 줄이는 거야. 우리가 매일 자동차를 이용하고, 집을 따뜻하게 난방을 하고, 텔레비전을 보고, 조명을 켜고, 음식을 배달시키고 하는 모든 생활이 지구를 덥히는 온실가스를 만들어 내고 있거든. 우리도 모르는 사이에 많은 온실가스를 만들어 내며 살고 있는 거야. 이번 기회에 우리가 할 수 있는 일을 고민해 보는 것은 어떨까? 일상에서의 작은 실천만으로도 건강한 지구를 만드는 데 도움을 줄 수 있거든.

두 번째는 기후 변화 때문에 생겨나는 무서운 현상보다는 우리가 할 수 있는 긍정적인 행동 변화에 초점을 맞추는 것이 필요해. 이를 위해 우리가 할 수 있는 일들이 무엇인지 고민하고 실천하는 거야. 기후 변화를 막기 위해 많은 사람들이 문제를 해결하고 더 나은 결과를 만들기 위해 함께 노력하고 있어. 특히 전 세계적으로 청소년들이 앞장서서 나서고 있지. 미래의 주인인 어린이들은 기후 변화 운동에서 중요한 역할을 할 수 있어.

기후 변화에 맞서기 위해 강력한 정책을 수립하도록 국제 사회에 호소하고 있는 그레타 툰베리는 열다섯 살에 환경 운동을 시작했지. 다른 10대 환경 운동가들도 음악이나 예술 활동으로 기후 변화에 대한 인식을 높이기 위해 자신들의 재능을 사용하고 있어. 이처럼 누구나 기후 변화를 막기 위해 무언가를 할 수 있지.

아직은 우리에게 미래와 희망이 있어. 우리가 지금 행동한다면, 기후 변화의 속도를 늦추고 최악의 상황을 막을 수 있거든. 기후 변화를 막기 위해 강력한 목소리를 낸다면, 세상을 바꿀 수 있다는 것을 알았으면 해. 그리고 이 책이 여러분과 함께 변화를 만들어 나가는 데 작은 도움이 되면 좋겠어.

참고 문헌

1. 국내 문헌

〈2019년 이상 기후 보고서〉, 관계부처합동, 2020

〈2020년 이상 기후 보고서〉, 관계부처합동, 2021

〈2021년 이상 기후 보고서〉, 관계부처합동, 2022

〈산림과 탄소 이야기〉, 국립산림과학원, 2022

〈기후 변화과학 용어 설명집〉, 기상청, 2020

〈30년간의 해수면 상승률 발표〉, 국립해양조사원, 2021

〈2020 기후변화감시 종합 분석 보고서〉, 기상청, 2021

〈보도자료(2021년 겨울, 한강 얼지 않았다)〉, 기상청, 2021

〈우리나라 109년(1912~2020년) 기후변화 분석 보고서〉, 기상청, 2021

〈카드뉴스(점점 빨라지는 봄꽃 개화시기)〉, 기상청·농촌진흥청, 2022

〈보도자료(온난화로 미래 과일 재배 지도 바뀐다)〉, 농촌진흥청, 2022

〈대한민국 2050 탄소 중립 전략〉, 대한민국정부, 2020

〈보도자료(내가 배출한 탄소발자국 계산해 보니)〉, 문화체육관광부, 2009

〈폭염대비와 온열질환 예방을 위한 건강수칙 바로알기〉, 질병관리청, 2022

〈보도자료(기후 변화에 따른 주요 어종 어획량 변화)〉, 통계청, 2018

〈보도자료(기후 변화에 따른 주요 농작물 주산지 이동현황)〉, 통계청, 2018

〈해양수산분야 2050 탄소 중립 로드맵〉, 해양수산부, 2021

〈2020 재해연보〉, 행정안전부, 2021

〈친환경 자동차〉, 환경부, 2015

〈보도자료(2019년 온실가스 배출량 전년 대비 3.5% 감소, 7억 137만 톤)〉, 환경부, 2021

〈파리 협정 함께 보기〉, 환경부, 2022

2. 국외 문헌

〈The 2019-2020 australian bushfires: from temporary evacuation to longterm displacement〉, IDMC 2020

〈The Physical Science Basis. Contribution f Working Group Ⅰ to the

Sixth Assessment Report of the Intergovernmental Panel on Climate Change>, IPCC, 2021

⟨Special Report on the Ocean and Cryosphere in a Changing Climate⟩, IPCC, 2019

⟨The Physical Science Basis. Contribution of Working Group I to the fourth Assessment Report of the Intergovernmental Panel on Climate Change⟩, IPCC, 2007

⟨State of the Global Climate 2021⟩, WMO, 2022

⟨CLIMATE RISK COUNTRY PROFILE TUVALU⟩, WORLD BANK GROUP, 2021

3. 이미지 자료 출처

13쪽: NASA GLOBAL CLIMATE CHANGE

18쪽: Scripps CO2 Program 홈페이지

31쪽: 해양수산부 공식 블로그

33쪽: 대한민국 정책브리핑 홈페이지

36쪽: 미국해양대기청 NOAA Climate.gov 홈페이지

40쪽: 문화재청 홈페이지

43쪽: (그래프) 국제기상기구 WMO 2021 보고서, (사진)해양생명자원통합정보시스템

53쪽: 세계자연기구 WWF 오스트레일리아 홈페이지

58쪽: 산림청 홈페이지

64, 65쪽: 생물지리정보서비스

72쪽: NASA GLOBAL CLIMATE CHANGE

77쪽: wikipedia

83쪽: 기상청 '2020 기후변화감시 종합 분석 보고서'

98쪽: 기상청 '우리나라 109년(1912-2020년) 기후변화 분석 보고서'

99쪽: 환경부

100쪽: 국가기록원

104쪽: '삐뽀삐뽀' ⓒ정준우, 2023년 기상기후사진전

113쪽: 한국에너지공단 효율관리제도 홈페이지

118쪽: 환경부 '친환경 자동차'

125쪽: 환경부

사이언스 틴스 13

궁금했어, 기후변화

초판 1쇄 발행 2023년 7월 20일
초판 2쇄 발행 2024년 11월 11일

글 | 조성문
그림 | 나수은
펴낸이 | 한순 이희섭
펴낸곳 | (주)도서출판 나무생각
편집 | 양미애 백모란
디자인 | 박민선
마케팅 | 이재석
출판등록 | 1999년 8월 19일 제1999-000112호
주소 | 서울특별시 마포구 월드컵로 70-4(서교동) 1F
전화 | 02)334-3339, 3308
팩스 | 02)334-3318
이메일 | book@namubook.co.kr
홈페이지 | www.namubook.co.kr
블로그 | blog.naver.com/tree3339

ISBN 979-11-6218-254-3 73450

값은 뒤표지에 있습니다.
잘못된 책은 바꿔 드립니다.

*종이에 베이거나 긁히지 않도록 조심하세요.
*책 모서리가 날카로우니 던지거나 떨어뜨리지 마세요. (사용연령: 8세 이상)
*KC마크는 이 제품이 공통안전기준에 적합하였음을 의미합니다.